행복한 결혼, 저출산 해결

지은이 차일호

행복한 결혼, 저출산 해결

2022년 9월 30일 초판 발행

지은이 차일호
편집장 이병우
편집디자인 이윤영

펴낸이 장현수
펴낸곳 메이킹북스
출판등록 제2019-000010호
주소 서울특별시 구로구 경인로 661, 핀포인트타워 912-914호
전화 02-2135-5086
팩스 02-2135-5087
이메일 making_books@naver.com
홈페이지 www.makingbooks.co.kr

ISBN 979-11-6791-247-3(03330)
값 15,000원

ⓒ차일호 2022 Printed in Korea
(저작권자와 맺은 특약에 따라 검인을 생략 합니다.)

이 책은 저작권법에 따라 보호받는 저작물이므로 무단전재와 복제를 금합니다.
책값은 뒤표지에 있습니다. 잘못 만든 책은 구입처에서 바꾸어 드립니다.

행복한
결혼
저출산
해결

차일호

메이킹북스

책머리에

필자는 오랜 기간 결혼과 관련한 일에 종사해 왔다.
그래서 자연스럽게 결혼, 출산, 가정문제에 많은 관심을 가지고 있다.
우리나라가 선진국이 되었다고 전 세계 매스컴이 보도하고 있다.
그러나 10여년 후 인구절벽이라는 초유의 상황을 맞아 일 할 사람이 없어서 경제가 마비되고 다시 후진국이 된다고 한다.

결혼기피현상은 1990년대 이후 합계 출산율 하락의 가장 큰 요인이 되고 있다.
IMF 이후 팍팍해진 우리 삶이 출산율 저하를 자극한 것이다.
청년층의 소득 및 고용불안과 높은 주택 가격이 과다한 비용을 초래하는 결혼을 기피하게 됐고 이는 출산율 저하로 직결됐다.
결혼과 출산으로 이어지는 부담은 사회활동을 하는 여성의 경력 단절을 불가피하게 초래했고 기혼 여성에게 주는 교육비, 보육부담 스트레스는 불에 기름을 붓는 역할을 하고 있는 셈이다.
원인과 문제점이 극명하면 대책마련도 어렵지 않다.
먼저 파격적인 경제적 인센티브를 결혼과 출산 시 제공해야한다.
일테면 결혼 장려금 제도, 사회보험 개혁, 교육비의 세액 공제 확대, 상속세율을 대폭 인하하고 3자녀 이상 가구의 학비 무상지원 등을 고려해야 한다.
결혼 촉진을 위해서는 결혼상담사 양성도 급선무다.

그런데 인간의 삶 속에서 이루어지는 이 같은 문제가 제도만으로 해결이 쉬울까.

도덕적인 책임만을 강조한다고 문제가 해결될까.

인구절벽의 위태로움을 앞두고 두려움이 느껴지지 않는가.

저 출산으로 인한 급격한 인구 감소 문제가 심각하다면 우리 모두 발상의 전환을 해야 한다.

결혼과 출산이 대우받는 사회 풍토를 조성해야 한다.

단기적인 생색용 대책 보다는 실질적이고 장기적인 대책이 필요하다.

결혼과 출산의 가치에 대한 사회적 합의와 다양한 경로를 통한 가치관 전달이 필수적이다.

주어진 현실 속에서 웃음꽃이 피는 건강한 가족의 모습이 이 시대 최고의 시대 가치가 될 수는 없는가.

많은 어른들이여.

결혼과 아이 낳기를 주저하는 젊은이들을 위해 우리가 살아온 삶과 행복의 가치를 제대로 전달해주자.

그래서 나라를 살리자.

이것이 필자가 이 글을 쓴 이유이다.

2022년 가을

한국결혼상담협회 전국회장

차 일 호 드림

CONTENTS

PART 1
결혼

출산율 제고는 결혼에서 출발
-젊은이의 결혼관과 취업문제-

♣ 출산과 결혼, 큰 폭으로 감소

♣ 여성 경력단절, 출산의 걸림돌

♣ 결혼 연령도 상승

♣ 육아 애로사항 해소 시급

♣ 결혼에 대하여

♣ "왜 결혼해야 하죠?"

♣ 가사부담은 공평하게 해야

♣ 긍정 부정 공존하는 결혼관

♣ 결혼, 삶의 안정성에 기여

♣ 법의 보호와 복지 혜택, 기혼자에 유리

CONTENTS

PART 1
결혼

출산율 제고는 결혼에서 출발
-젊은이의 결혼관과 취업문제-

♣ 시대에 따라 변하는 결혼관
♣ 결혼 문화, 세대차 심화
♣ 주택 문제와 취업, 결혼 선결 과제
♣ 결혼부채 주 이유 '주택 임차 및 구입'
♣ 결혼 앞 둔 고민, 내 집 마련과 취업
♣ 정부, 내 집 장만 대책마련 서둘러
♣ 취업시장 한파에 청년층 결혼도 늦어져
♣ 결혼 미루고 일 선택하라는 사회
♣ 청년층을 위한 정부 대안

CONTENTS

PART 2
가정

[1] 신혼
- 내 집에서 신혼 꿈 꾼다 -

♣ 신혼부부의 특성과 주거
♣ 신혼부부 주거실태
♣ 신혼부부 주거소요 비용 분석
♣ 자녀 있는 가정 큰 주택 선호
♣ 신혼부부 주거지원 강화 방안
♣ 거주의 편의성도 신혼부부에게 중요
♣ 포용성 있는 주거사다리 지원

CONTENTS

PART 2
가정

[2] 출산 장려
- 출산율 제고가 대한민국의 미래다 -

♣ 출산율 하락, 인구절벽 시작
♣ 정부의 제4기 인구정책 TF 구성
♣ 생산연령 인구 확충
♣ 축소사회 적응력 강화
♣ 고령사회 대비
♣ 저 출산 대응
♣ 저 출산 정책 로드맵 마련
♣ 저 출산 정책 패러다임 전환
♣ 외환위기 이후 저 출산 원인분석
♣ 한국의 출산율 세계 최저 수준
♣ 사회·직장 요인, 출산율 저하에 영향

CONTENTS

PART 2
가정

[2] 출산 장려
- 출산율 제고가 대한민국의 미래다 -

♣ 소득 요인도 출산율에 영향
♣ 저 출산, 장기간 지속될 가능성
♣ 세계 각국의 저 출산 결정요인
♣ 냉전 시대 이후 출산율 변화
♣ 자녀를 적게 가지는 서 유럽 문화 전파
♣ 결혼연령 상승, 저 출산율에 영향
♣ 교육수준과 직장 경력 중시 문화도 영향
♣ 우리나라의 저 출산, 소득 요인이 가장 커
♣ 양육비 부담 증가, 출산율에 영향
♣ 사교육비 증가, 해결 급선무
♣ 자아실현과 삶의 질 중시, 저 출산에 연결

CONTENTS

PART 2
가정

[2] 출산 장려
- 출산율 제고가 대한민국의 미래다 -

♣ 출산율, 직장경력에 대한 기회비용과 반비례
♣ 취업은 필수, 결혼은 선택
♣ 저 출산 요인 종합 평가
♣ 미래 불안정성 해소가 출산율 제고 한다
♣ 친 가족 근로형태 적극 도입해야
♣ 평생직장에서 평생 직업의 개념으로

CONTENTS

PART 2
가정

[3] 육아
- 잘 키운 아들 딸, 대한민국의 자산 -

♣ 촘촘한 사회안전망 구축

♣ '온종일 돌봄 체계 구축' 국정과제로 설정

♣ 공보육 인프라 꾸준히 확충

♣ 필수의료의 보편적 보장 추진

♣ 개편된 보육지원체계

♣ 연장보육 반 운영으로 보육서비스 제공

♣ 육아휴직도 꾸준히 증가

CONTENTS

PART 3
저 출산 인구 절벽 벗어나기

- 인구가 국력의 지표다 -

♣ 인력 공급 수요 전망

♣ 대체 가능성 높은 직업 줄어들 전망

♣ 한국 저 출생 해법 찾지 못해 막다른 길

♣ 세계에서 유래가 없을 정도로 고령화 진행

♣ 저 출산 대책 시급

♣ 결혼기피 현상, 출산율 하락의 가장 큰 요인

♣ 출산이 우대받는 사회 풍도 조성해야

♣ 고령화 시대 의미와 대책

♣ 변화하는 노후 준비 트렌드

♣ 고령화는 이 시대 삶의 궤적

♣ 문화 창조로 신구세대 연결하는 교량 역할

CONTENTS

PART 3
저 출산 인구 절벽 벗어나기

- 인구가 국력의 지표다 -

♣ 우리시대의 자화상 58년 개띠

♣ 평등과 자유를 체험한 학창시절

♣ 서른 살, 6월 항쟁 넥타이부대로 등장

♣ 마흔 살, IMF 직격탄으로 조기 퇴장

♣ 기러기아빠 58년 개띠

♣ 고령화시대의 주역으로 거듭나야

♣ 정치 격변기 몸으로 체험한 민주주의 세대

♣ 산업화의 막내 디지털 시대의 이민자

♣ 평등의식 강하고 권위주의 거부

♣ 아날로그와 디지털세대 잇는 역할 부각

♣ 노년기 복지실현의 정책 지향 점

CONTENTS

PART 3
저 출산 인구 절벽 벗어나기

- 인구가 국력의 지표다 -

♣ 고령화 시대 대응 방안

♣ 지방 '소멸 위기' 더욱 확산

♣ 4기 인구정책 TF 주요 내용

♣ '저출산 극복 5대 패키지' 본격 시행

♣ 지역 주도형 혁신으로 지역소멸 위기 대응

♣ 고등교육 혁신모델로 지역 인재 육성

♣ 인구절벽 탈출, 행복한 국가 되는 길

"결혼과 출산은 최대의 축복이다"

I. 결혼

출산율 제고는 결혼에서 출발한다.
결혼의 관문인 내 집 마련과 안정적인 일자리 찾기는
우리나라 젊은이들의 절박한 심정을 헤아리면서
정책을 입안하고 대안을 제시해야한다.
대안 제시에만 그치지 말고 실효를 거둬야 한다.
가슴 치면서 '인구절벽' 이라는
우리 사회 미래를 한탄하지 말고
지금부터라도
하나하나 슬기롭게 풀어나가자는 얘기다.

I. 결혼

출산율 제고는 결혼에서 출발

-젊은이의 결혼관과 취업문제-

    우리 사회의 가장 큰 문제인 저출산, 인구 절벽 문제를 해결하기 위해서는 크게 보아 결혼 → 출산 → 육아 문제가 선순환의 구조를 구성하지 않으면 안 된다.

    결혼-출산-육아 문제는 이어져 있는 하나의 시스템이다.

    이 과정에서 하나라도 문제가 있다면 나머지 과정 역시 자연스럽게 이어지지 못하고 결국 제대로 작동하지 못하게 된다.

    한 인간의 삶은 하나의 작은 사회이며, 한 아이가 태어난다는 것은 단순히 통계에 1이라는 숫자를 더한다고 볼 수 없으며 한 공동체가 생성된다는 것을 의미한다.

    결혼과 출산, 육아는 개인의 문제인 동시에 공동체의 문제이기도 한 것이다.

　한국 사회는 유례없이 빠른 발전과 변화를 겪은 사회로서 이에 따른 빛과 어둠 역시 뚜렷이 품고 있다.

　이 빛과 어둠이 곧 결혼-출산-육아 문제에도 영향을 끼치고 있다.

　과거에는 당장 출산율에 따라 출산 장려 정책, 출산 제한 정책을 발표했다.

　한국의 실정과 도시화에 따른 인구 정책을 면밀하게 고려하지 않은 점이 현재의 저 출산 문제를 만든 원인 중 하나라 볼 수 있다.

　따라서 현 사회 실정이 어떤지, 결혼 적령기의 젊은이들이 느끼는 감정은 어떠한지 고려하는 것이 앞으로 인구 정책을 결정하는 데 있어 중요하다 볼 수 있다.

출산과 결혼, 큰 폭으로 감소

　현재 한국은 날이 갈수록 큰 폭으로 결혼과 출산이 감소하고 있다.

　한국의 결혼과 출산이 감소하는 이유에 대해서는 여러 관점의 의견이 혼재한다.

　먼저 과거의 산아제한 정책과 남아선호 사상의 문제를 들 수 있다.

　조영태는 1984년~90년경 여아 출생아 수가 10만 명 정도 줄어든 점을 설명하며, 이 수가 남아와 여아를 합한 수가 아니라 여아만의 감소 폭이라는 점을 들며 뿌리 깊었던 남아선호사상에 산아제한 정책이 맞물린 문제

점을 제기하고 있다.[1]

이 세대에 태어난 아이들이 지금 30대로서, 남녀 성비가 맞지 않다고 볼 수 있다.

2017년 이후 성비 불균형은 해소되었으나,[2] 현 세대 결혼 적령기의 남녀의 혼인과 출산율이 낮아진 점에 대해 과거 문제가 있었다는 점에 대해서는 반성이 필요할 것이다.

다음으로는 과거와 다른 결혼에 대한 인식이다.

현대 사회의 중요한 변화 중 하나는 도시화다.

도시에서는 농업과 같은 가족 노동력이 필요한 일이 적고, 개인이 중요하기 때문에 핵가족 사회가 유리하다.

도시화가 발달한 지역은 그만큼 개발된 곳이기 때문에, 주요 업종 및 일자리들이 몰려 있다.

이러한 과정에 따라 수도권에 인구밀집현상이 발생했으며, 그만큼 인구의 많은 비중이 수도권 에서 도시화를 기준으로 사회를 인식하며 살아간다고 볼 수 있다.

그래서 현 세대 시민들은 개인주의적 사고가 발달했으며, 과거처럼 꼭 가족 공동체를 구성하여 살지 않아도 된다는 인식이 크게 늘었다.

기존의 시각으로 볼 때 이들 비혼 인구에 대해서 "혼자 살면 외롭지 않을까?" 라는 의문이 들 수 있다.

---

1 조영태, 서울대학교 보건대학원 교수 『인구 미래 공존』, 북스톤, 2021, 29쪽.
2 조영태, 앞의 책, 32쪽.

필자가 사재를 털어 주선한 농촌총각합동결혼식
(KBS 중계 장면·라이따이한)

개인주의적 사고가 발달했다는 것은, 개인의 행복과 자기계발을 중시하며 공동체보다는 본인 삶에 더 집중하며 살아간다.

즉 비혼 인구는 외롭다는 감정과는 별개로 본인들의 필요에 의해 현 삶을 택한 것이다.

다시 말하면 이들에게 결혼과 출산이 필요한 것으로 당장 와 닿지 않고 있음을 뜻한다.

결혼 한 부부 사이에서도, 출산은 하지 않는 딩크족이 늘어난 것도 같은 현상의 일부로 볼 수 있다.

맞벌이가 늘어나고 '워라밸'을 중시하기 시작했기 때문이다.

여성 경력단절, 출산의 걸림돌

여성의 경우 출산을 하고 가정에 집중하면 '경단녀'가 되어 업무에 복귀하기 힘들어진다.

과거에는 여성이 주로 '전업주부'가 되어 가사와 육아에 전념했지만 현 세대는 여성 역시 사회진출을 중시하는데다가, 크게 올라간 집값이나 생계유지 등의 경제적 문제로 인해 전업주부보다 맞벌이 수요가 크게 증가한 것이다.

결국 도시화가 진행되며 현재 시민들의 사고가 달라졌고, 이것이 결혼과 출산에 대한 인식으로도 이어졌다고 볼 수 있다.

이는 기존의 관점으로 비혼 인구가 '결혼을 하지 않으면 외롭다'고 설득하면 안 된다는 것을 의미한다.

다음으로는 현재 젊은 세대에서 가장 첨예한 갈등 중 하나인 젠더문제도 영향을 주고 있다고 볼 수 있다.

2015년 '디씨 인사이드'라는 인터넷 커뮤니티의 게시판 중 하나였던 '메르스 갤러리'에 여성들이 주도하여 남성들의 문제점에 대해 글을 쓰기 시작한 것이 도화선이 되어, 강남역에서 20대 여성이 살해당하는 사건이 불을 지피면서 2030 여성들 사이에서는 페미니즘이 확산 되었다.

최근에는 'N번방' 사건까지 발생하며 여성들은 더더욱 남성에 대해 불신감을 느끼고, 심하면 모든 남성에 대한 편향적인 혐오를 공공연히 하기도 한다.

이에 대해 젊은 남성들 역시 동료 시민으로서 반성하기보다, 격한 여성혐

오로 대응하며 갈등이 더욱 커지고 있다.

결국 젠더 갈등은 연애 상대로서 이성에 대한 부정적 감정을 키우고, 결혼과 출산에 있어서도 역시 부정적인 인식을 퍼지게 만드는 데 한몫하고 있다.

앞서 설명한 바와 같이 개인주의적 의사결정이 강해진 현 세대에서 부정적 인식이 커진다는 것은, 개인의 행복에 있어 연애에서 이어지는 결혼, 출산을 더더욱 불필요한 방해 요소로 느끼게끔 만들 수 있다고 생각해 볼 수 있다.

현 세대는 개인적 행복을 중시하며, 결혼과 출산을 공동체의 의무로 생각하지 않는다는 점을 다시금 명심해야 한다.

결혼 연령도 상승

다음으로는 결혼 연령이 남녀 불문하고 꾸준히 상승하고 있다는 점을 보고자 한다.

지난 2019년 기준 초혼 나이는 만으로 남자 33.4살, 여자 30.6살로 과거에 비해 크게 높아졌다.

이는 대학 진학률의 증가도 영향을 미쳤고, 무일푼 단칸방에서 월세로 시작하는 것이 아니라 전세가 다 준비된 사람이어야 결혼을 하겠다는 풍조가 생기다 보니 일찍 결혼하기 쉽지 않은 것이 현실이기 때문이다.

외환위기 이후로 경제가 어려워지면서 결혼 평균 연령이 크게 상승했다. 2021년 6월 결혼정보회사 듀오정보에서 발표한 '2021년 혼인통계 보고서'에 따르면 초혼 평균 나이가 남자 36.7세, 여자 33.6세로 나타났다.

같은 해 통계청이 발표한 평균 초혼 연령인 남성 33.2세, 여성 30.8세와 비교해도 각각 3.5세, 2.8세 높은 수치다.

가임기는 정해져 있기 때문에 결혼 평균 연령이 상승하면 출산율에도 지장이 있으리라 추론해 볼 수 있다.

그렇다면 결혼 평균 연령을 줄이기 위해 노력할 방법은 없을까?

안타깝게도 앞서 설명한 바와 같이 대학 진학률의 증가, 전세 등의 준비로 인한 사회적 인식의 변화를 봤을 때 평균 연령을 강제적으로 줄이는 것은 국민의 반발을 살 가능성이 높다.

조영태에 따르면 인구문제는 합계출산율이라는 잣대 하나로 분석하거나 해결 가능한 문제가 아니며, 출산지표는 정책이 맞는 방향으로 가고 있는지 아닌지 알려주는 신호등으로 활용해야 한다고 주장한다.[3] 더 이상 젊은 부부가 젊은 나이에 많은 아이를 낳아 신생아 숫자를 늘리는 것으로만 출산율을 설명하는 것은 한국의 현 실정에 맞지 않는다.

육아 애로사항 해소 시급

마지막으로 짚을 부분은 바로 육아문제다.

최근 사회적으로 문제가 되는 노 키즈 존no kids zone은 한국의 육아 인식에 대한 어두운 일면을 보여준다.

노 키즈 존 가게들은 미취학 아동, 넓게는 초등학교 저학년 연령의 아이

---

[3] 조영태, 앞의 책, 114쪽.

까지 가게에 받아들이지 않는다. '

 아이가 시끄럽게 떠들거나 우는 것이 다른 손님들에게 피해를 줘서'

 '아이한테 위험해서' 등등이 노 키즈 존을 운영하는 이유이다.

 아이 만이 아닌 아이를 동반한 부모 역시 손님으로 들어갈 수 없다.

 마찬가지로 육아용품 역시 점점 수요가 줄어든다는 이유로 판매 상품이 줄어들고 있다.

 육아 과정에서 바로 필요할 때 구매할 수 있는 편의성이 줄어드는 것이다.

 젊은이들의 저 출산에 대해 엄격히 꾸짖으면서도, 많은 사람들이 젊은 부부의 육아의 어려움에 대해서는 관심이 없다.

 가게에 들어가지 못하고 상품을 구매하기 어려운 작은 이유에서부터, 물가 상승 및 주택 대비에 따른 지출 상승, 이로 인한 맞벌이 생활과 어머니의 경력 단절 문제, 혼자 집에 있어야 하는 아이들의 안전 문제에 이르기까지 육아 과정에는 다양한 문제가 있다.

 이는 곧 출산의 리스크 증가로 이어진다.

 아직 젊은이들의 과반수는 출산에 대해 긍정적인 정서를 지니고 있다. 하지만 육아문제는 하나의 아슬아슬한 변수로 남아 있다.

 아이를 키우는 부모가 덜 불안하고 덜 불편한 환경을 조성하려면 어떻게 해야 할지는 공동체의 과제로서 남겨야 할 것이다.

 앞서 출산과 결혼이 감소하는 원인, 그리고 육아문제에 대해 짧게 살펴본 바 각 문제는 결코 떨어져 있지 않으며 오히려 긴밀하게 연결되어 있다.

 본 장에서는 먼저 결혼과 관련된 문제점에 대해 면밀히 보려고 한다.

이는 단순히 하나의 현상이 아닌 젊은이들의 인식, 현실적인 문제 등 여러 상황이 섞인 사회적인 장(場)이라 할 수 있다.

결혼에 대하여

결혼(結婚) 또는 혼인(婚姻)은 두 사람이 부부가 되는 의례이자 계약을 일컫는다.[4]

인간 사회에서는 결혼을 통해서 사회의 최소 단위인 '가정'이 생기기 때문에 예로부터 매우 중요시되었다.

따라서 결혼은 한 사람의 인생에서 가장 중요한 이벤트 중의 하나이기도 하다.

결혼 제도는 인간이 사회라는 것을 구성하면서 생긴 제도다.

특히나 '인간은 혼자서는 살아갈 수 없다'는 사회적 자각에서 발생한 것이다.

그럼에도 불구하고 과거와 비교했을 때 혼인율이 급감하고 있다.

현재 높아지는 실업률과 20대들의 결혼에 대한 의식을 생각해볼 때, 당분간은 감소 추세가 흔들리지 않을 것으로 보인다.

예전에는 서로 비슷한 사람끼리 만나서 서로의 타협점을 찾아 결혼 생활을 유지하려 했다면, 요즘에는 서로의 타협점을 찾기보다는 이혼하거나 애초에 결혼하지 않는 쪽이 늘어나고 있다.

---

[4] 나무위키 "결혼", https://namu.wiki/w/%EA%B2%B0%ED%98%95%BC, 참고 날짜 2022-08-12.

　과거에 비해 개인주의적인 성향이 강해짐과 동시에 이혼과 비혼의 개념이 과거와 달라졌기 때문이다.

　최근 젊은이들 뿐 아니라 고령층 사이에서도 '황혼 이혼'이 증가하고 있다는 것을 가치관의 변화라는 관점에서 주목해 볼 만하다.

　과거에는 이혼 경력이 개인에게 커다란 오점이었으나, 이제는 그렇게까지 큰 문제가 아니며 부부관계를 평생 유지해야 한다는 가치관이 많이 퇴색했다고 볼 수도 있다. 아직 어린 자녀가 있을 경우 리스크가 크나, 자녀가 독립할 수 있는 나이대라면 육아문제에서도 다소 벗어나 있기 때문에 황혼 이혼이 늘어날 수 있는 것이다.

　비혼 역시 마찬가지다.

　결혼을 하지 않은 젊은이들에 대해 이기적이며 철없는 사람으로 보는 시

선들이 혼재하지만, 당장 커다란 사회적 억압은 아니기 때문이다.

여성이 대학졸업과 동시에 사회진출을 하는 것이 자연스럽기 때문에 꼭 주부로서 살지 않아도 되며 결혼이 하나의 선택이 된 것과도 관련이 있다.

비혼 역시 자신의 행복을 위한 하나의 선택이라는 것이 비혼 젊은이들 대다수의 관점이다.

비슷한 사람들이 만나고, 연애를 하며 가정을 꾸리는 것이 결혼을 선택하는 이유라면 비혼을 선택하게 되는 이유는 무엇일까?

"왜 결혼해야 하죠?"

결혼하지 않아도 된다고 생각하는 젊은이들은 시간이 지날수록 크게 늘어나고 있다.

뉴스프리존 기사에 따르면 한 가지 예로 경기도민의 절반가량이 결혼을 하지 않아도 된다고 생각한다는 조사결과를 보도했다.

'결혼' 과 '자녀' 에 대한 긍정인식은 매년 하락세를 보이고 있으며 비혼과 저 출생의 원인으로는 높은 집값과 사교육비 등 경제적 부담이 가장 큰 것으로 조사됐다.

경기도가 지난 2020년 도민 2,000명을 대상으로 '결혼, 자녀, 저출생' 과 관련한 인식조사를 실시하고 그 결과를 발표한 기사에 따른 것이다.

먼저 '결혼을 해야 하느냐' 는 물음에 52%만이 '그렇다' 고 답했다.

이는 지난 2017년 조사 시 63%, 2019년 54%보다 낮은 수치다.

응답자 가운데 20~40대 연령대를 살펴보면, '결혼을 해야 하느냐' 에

'그렇다' 라는 응답이 47%로 절반에 미치지 못했다.

특히 20~40대 여성 응답은 각각 32%, 40%, 40%로 더 낮았다.

또 '자녀가 있어야 하느냐' 는 물음에는 65%가 '그렇다' 고 답해 2017년(74%), 2019년(69%)에 비해 긍정 답변이 줄었다.

20~40대는 58%가 '그렇다' 고 응답했으며, 이 역시 20~40대 여성 응답은 각각 42%, 51%, 59%로 낮게 조사됐다.

비혼이 증가하는 이유에 대해서는 △집값, 전월세 등 과도한 주거비용 부담(31%)이 1순위로 지목됐다.

이는 2019년(25%)보다 6%p 증가한 결과로 최근의 부동산 가격 상승세가 반영된 것으로 도는 분석했다.

이어 △출산,양육 부담(25%) △개인의 삶,여가 중시(18%) 등이 높았다.

이와 함께 도민의 86%는 우리사회 저출생 문제를 '심각하다' 고 바라봤다.

저출생의 원인으로는 △양육비,사교육비 등 경제적 부담(33%)을 1순위로 꼽았다.

다음으로 △집값 등 과도한 주거비용(18%) △개인의 삶 중시(13%) 순으로 높았다.

집값, 양육비용 등 경제적인 부분이 도민의 출산,양육에 큰 영향을 끼치는 것으로 해석된다.

남녀 간 인식차도 두드러졌다.

남성은 △과도한 주거비용(24%)을 여성(12%)에 비해 2배 높게, 여성은 △개인의 삶 중시(16%)를 남성(10%)에 비해 높게 택했다.

특히 △여성 육아부담 편중은 여성(12%)이 남성(3%)에 비해 4배 높았다.

가장 시급한 저출생 대책으로는 △고용안정,주거지원 등 안정적 기반마련 지원(36%)이 꼽혔고, 다음으로 △아동수당, 의료비, 교육비 등 경제적 지원(18%) △국공립 어린이집,유치원 확충, 돌봄서비스 확대(16%) △근로시간 단축, 육아휴직 등 아이 돌보는 시간 보장(15%) 순으로 높았다.

발표 당시 홍지선 경기도 도시주택실장은 "젊은층을 중심으로 '주거안정 문제'를 토로하고 있는 것이 확인되는데, 경기도의 기본주택이 저출생 문제의 유의미한 해법이 될 수 있을 것으로 보인다"고 밝혔다.

아울러 류인권 도 정책기획관은 "경기도는 성 평등한 육아환경 조성과 일,생활 균형 플랫폼 등의 사업을 추진 중"이라고 말했다.

이 같은 조사는 경기도가 ㈜리얼미터에 의뢰해 도민 2,000명을 대상으로 2020년 10월 16일부터 18일까지 자동응답조사 방식으로 실시한 결과이며 95% 신뢰수준에 표본오차는 ±2.2%p다.[5]

---

[5] 김태훈 기자, "경기도민 절반, "결혼 안해도 돼"", 〈뉴스프리존〉, 2020.11.11 07:14, http://www.newsfreezone.co.kr/news/articleView.html?idxno=273545, 2022-08-12.

가사부담은 공평하게 해야

지난 2016년 11월 파이낸셜뉴스 보도에 따르면 대한민국의 젊은이들은 결혼을 하지 않아도 되고, 결혼을 하더라도 가사부담은 공평하게 해야 한다고 인식하고 있다.

그러나 실제 여성의 가사부담은 여전히 커 저출산의 중요한 요인이 되고 있다.

이는 2016년 통계청이 발표한 '2016년 사회조사 결과' 우리나라 국민의 인식을 보여주는 기사 내용이다.

경제협력개발기구 OECD가 최근 발표한 각국의 2014년 출산율에 따르면 우리나라는 출산율이 1.21명으로 최하위를 기록했다.

우리나라는 2001년 출산율이 1.3명 아래인 '초저출산 사회'로 진입한 이후 한 번도 이를 벗어나지 못했다.

OECD 회원국 중 초저출산 현상을 경험한 10여개국 가운에 한 번도 탈출하지 못한 유일한 나라다.

출생아 수도 현저히 감소하고 있다. 2차 베이비붐 세대인 1970년 출생자는 출생 당시 100만7000명이었지만 2015년생은 43만8000명이다.

저출산에는 다양한 원인이 있지만 이번 조사에 따르면 결혼과 가사부담에 대한 인식도 저출산에 영향을 주는 것으로 해석됐다.

2016년 사회조사 결과에 따르면 결혼에 대해 '해야 한다'고 생각하는 사람의 비율이 51.9%로 계속 감소하고 있다.

지난 2010년에는 64.7%, 2014년에는 56.8%였다. 성별로 보면 남자(56.3%)가 여자(47.5%)보다 결혼이 필요하다고 답한 비율이 더 높았다.

결혼에 대해 부정적 시각이 커지고 있지만 결혼을 하지 않고 동거 등 함께 살 수 있다는 인식(48%)은 2010년 이후 계속 증가하고 있다. 다만 결혼하지 않은 상태에서 자녀를 출산하는 것에는 75.8%가 반대했다.

가사분담도 여성이 더 많이 하고 있는 것으로 조사됐다.

가사를 '공평하게 분담'해야 한다고 생각하는 남성 비율은 53.5%로 2014년 조사 때보다 6.0%포인트 증가했지만 실제 공평하게 가사를 분담하는 남편은 17.8%에 불과했다.

이번 조사는 전국 2만5223표본가구 내 상주하는 만 13세 이상 가구원 약 3만8600명을 대상으로 지난 2016년 5월부터 6월 초까지

15일간 실시했다.[6]

긍정 부정 공존하는 결혼관

예나 지금이나 '결혼은 현실'을 강조하며 사랑보다는 조건을 따진다.

요즘 젊은이들은 더욱 현실적이다.

결혼으로 인하여 어떠한 현실적 이득을 볼 수 있는지를 냉정하게 고려한다.

예나 지금이나 여자들이 돈이나 사회적 지위가 있는 남자를 선호하고 남자들은 예쁜 여자를 좋아하는 현상은 인간의 원초적인 본능 중에 하나다.

특히나 본인 스스로가 가지고 있지 않은 요소에 더 집착하는 경우도 있다.

그렇다면 현실적으로 젊은이들은 어떤 것을 고려할까?

먼저 자신이 결혼과 출산을 했을 때 동반되는 책임들을 감당할 수 있는지에 대해서도 철저히 따진다.

결혼을 통해서 자신이 얻을 수 있는 것이 전혀 없거나, 얻는 것이 있다고 하더라도 짊어지게 될 책임이나 리스크에 비해 얻는 것이 너무 적다고 생각한다면 과감하게 결혼을 포기하는 것이 합리적인 판단일 수 있다는 것이다.

자신에게 맞는 조건이 안 된다면 굳이 결혼할 필요가 없다는 인식이 젊

---

6 이병철 기자, "[2016 사회조사] "결혼 꼭해야" 52%로 줄고.. "혼전동거 괜찮다" 48%로 늘었다"", 〈파이낸셜뉴스〉, 2016.11.15 22:19, https://www.fnnews.com/news/201611151730052857, 2022-08-12.

은층 사이에서는 지배적이다.

이것을 비판하는 것은 한 인간의 선택의 자유와 인권을 무시하는 행동이며, 결혼이 항상 독신보다 옳은 선택인 것 또한 아니다 라고 생각한다.

배우자로 인해 금전적인 손해 혹은 신체적 및 언어적 폭행을 당할 수도 있고, 자식들을 아예 원치 않거나 본인이 상상하던 성공적인 양육에 실패할 수도 있으며 반대로 본인이 자식들을 학대하는 부모가 될 수도 있다는 것이다.

인구가 곧 국력인 국가에서는 출산율을 올리기 위하여 지금도, 앞으로도 결혼을 장려한다.

문제는 국가의 목표는 출산율이지, 결혼 그 자체의 행복이 아니라는 것을 젊은이들은 너무 잘 알고 있다.

각종 육아에 관한 혜택은 점점 늘어날지는 모르나, 결혼의 행복도를 올리기 위한 정책은 찾아보기 힘들다.

미혼부와 미혼모에게 혜택은 주어져도 아이가 없는 부부에게 주어지는 혜택은 한정적이다.

특히 아이를 낳더라도 대부분의 나라들은 덮어놓고 키우기를 강요한다.

이는 결혼 기피의 중요한 이유이기도 하다.

결혼, 삶의 안정성에 기여

결혼의 순기능 역시 여전히 무시 못 할 만큼 크다.

아무리 사회가 변해도 인간은 자손을 보고 싶은 욕망을 가지고 있다.

게다가 사회적인 인식이나 복지 혜택 등도 기혼자에게 유리하게 돌아가기 때문에 독신보다 삶의 안정성에서 우위에 있다는 것이 가장 큰 장점으로 꼽힌다.

또한 아직까지는 독신에 대한 인식이 그다지 좋지 못하므로, 결혼을 하면 주위의 결혼하라는 압박에서 자유로워질 수 있다.

노처녀, 노총각이 될수록 결혼은 물론이고, 여기에 자녀들까지 없으면 아무래도 비슷한 나이의 사람들과의 공감대 형성 면에서 떨어진다.

그렇게 되면 같은 독신들이 아닌 이상 새로운 인간관계를 형성하기도 어려워진다.

결혼과 관계없이 친구처럼 지냈던 주변에 이성들이 결혼을 하고 나면 연락이 거의 끊기는 경우도 태반이다.

아무리 대한민국의 독신율이 늘고 있다고는 해도 2020년대 기준 30대 중반에서 40대 초반 남자들의 혼인율이 70% 이상 나오는 것을 보면 아직도 최소한 결혼을 하는 사람들이 과반수라는 소리다.

물론 혼인율이 거의 98%에 달했던 1980년대까지의 대한민국에 비하면 독신율이 많이 높아진 것은 사실이지만 말이다.

최소한 상대의 성격에 대해 서로 70%~90% 정도는 용납이 가능하고, 상대를 위해 평생 충실할 마음이 확실히 있으며, 경제력도 그럭저럭 준비되어 있다면 결혼을 하는 것이 좋다.

결혼 상대에 대한 사랑과 존중, 그리고 결혼 생활에서 빚어지는 여러 갈등과 과정을 거쳐 책임감과 정신적인 성숙을 이뤄내는 것이야말로 행복으로 이르는 과정이라고 생각하는 사람들도 전 세계를 막론하고 존재한다.

그렇기 때문에 결혼 생활이 쉽지 않고 무거운 책임을 동반한다는 사실을 알면서도 결혼을 하려는 사람들이 오늘날에도 있는 것이다.

상대적으로 사람들을 잘 끌어들이며, 그들과 마음을 교류하는 것을 즐기는 사람들은 결혼을 하지 않고 독신으로 살아가는 것이 감정적으로 어렵다.

21세기에 들어 혼자서 주로 놀고 활동하는 사람들이 점차 늘어나고는 있으나, 그래도 여전히 과반수의 사람들은 적어도 다른 사람들과의 교류, 사회활동을 통해 인생의 활력을 찾는 사람들이 많으며 이들한테 가정을 이루는 것은 중요한 일이다.

법의 보호와 복지 혜택, 기혼자에 유리

결혼을 하면 법적으로 두 사람의 관계가 인정되고 법의 보호를 받을 수 있다.

각종 복지 혜택은 물론이고 한 쪽이 죽거나 중태에 빠졌을 때 중대한 결정을 내릴 수 있다.

하지만 결혼을 하지 않으면 관계가 인정되지 않기 때문에, 각종 혜택은 물론이고 서로 무슨 일이 생겨도 법적으로 어떠한 간섭도 할 수 없다.

2010년대 이후 청년실업, 경제 불황과 가치관의 변화 등 사회적 변화의 영향으로 젊은 층 일부에서는 지나친 결혼 혐오가 나타나는 경우도 있다.

결혼을 생각하는 사람한테 "그딴 걸 왜 하냐"라고 하거나 "결혼하는 사람은 모두 멍청해서 그런다.", "너도 살다보면 혼자가 편한 걸 알게 될 거다." 등을 강요하는 경우가 있다.

본인들의 혐오 정서는 생각의 자유이기 때문에 존중해 달라면서 정작 결혼을 생각하는 사람들은 존중해주지 않는다는 것이다.

솔로를 존중해 달라면서 정작 결혼을 생각하는 커플들한테 온갖 인격모독을 날리는 것이라고 볼 수 있다. 별도로 혼전동거와 혼외출산을 한 사람들도 차별을 해서도 안 된다.

혼전동거 한 사람한테 "혼전동거한 사람들은 성이 문란하다", "혼전동거한 사람들은 책임감이 없고 학창시절부터 양아치였다"로 몰아붙이면 안 되고 혼외출산 한 사람에게 "책임감도 없는데 쾌락에 빠져 결국 후회한 짓을 한다"거나 "남자를 잘못 만남 지가 고생하는 멍청한 여자"로 몰아붙여서도 안 된다.

결혼하든 안하든 개인의 자유다.

양쪽 다 존중해야 한다.

또한 혼전동거를 하거나 전에 했던 사람들을 차별해서도 안된다.

결혼 생활은 하면 무조건 불행 또는 행복해지는 법칙이 있는 것이 아니기 때문에 결혼 출산과 관련한 문제를 편견을 가지고 바라보는 시각은 편협할 수밖에 없다.

시대에 따라 변하는 결혼관

고대부터 현대까지 나라 혹은 집단(마을, 가족)의 힘은 인구수가 많은 영향을 끼쳐왔으며 성인이 되고 한사람 몫을 하게 되면 자연히 혼인을 하고 다음 세대를 낳고 길러 공헌 하는 것을 당연하게 여겨왔다.

특히나 농사의 경우 사람 수가 곧 수확량에 직결되기에 더욱 강조되어 왔다.

그 기조는 세수의 량과 생산력, 구매력에 따른 국가경쟁력, 국방을 위한 최소 군인 수 유지, 연금비용과 의료보험비용의 증가로 1인당 부양해야 할 사람 수의 증가에 따라 현재까지 이어지고 있다.

이에 따라 나라는 기혼부부에 여러 혜택을 주며 사회에서 독신자들에 대한 간접적인 압박은 여전히 존재하고 있다.

다만 대충 자식을 키워서 독립시켰던 과거와 달리 현대에 와서는 산업형태의 변화 즉 노동집약적에서 지식정보산업으로의 변화로 인해 아이가 성인이 되고 수익을 벌게 되기까지의 교육비용과 시간이 많이 증가한 편이다.

여기에 부의 양극화 심화와, 화폐가치 하락, 주택 가격의 증가, 근로소득의 상승의 상대적 둔화에 따라 실질적 양육가능 자녀수도 줄어듦에 따라 집단의 입장과 개인의 입장이 충돌하고 있다.

대체로 시골, 지방에서 살고 있는 사람들, 아니면 어려서 시골, 지방에서 살다가 성인이 되어 취업을 위해 수도권으로 상경을 한 젊은이들, 종교를 가지면서 다소 엄숙하게 살아가는 남녀들이 혼인율도 높고 출산율이 좋은 편이다.

현재 대한민국에서는 이들이 출산율을 그나마 높여주고 있다.

반면에 어려서부터 수도권, 대도시에서 자라오면서 이런저런 생활 혜택의 편의를 보고 개인주의, 자유주의에 적응되어 있는 젊은이들은 혼인율이 상대적으로 낮은 편이다.

아이러니하게도 제법 먹고 살만한 중산층 집에서 자라난 어중간한 스펙의 남녀들이 비혼율이 높다는 것이다.

결혼 문화, 세대차 심화

대한민국의 결혼 문화는 대체적으로 세대에 따라 큰 차이를 보인다.

1950년대까지 태어난 전후 기성세대들은 권위적인 남편과 순종적인 아내 관계를 형성하고 있다.

이 시기에 대한민국은 매우 가난했기 때문에 무에서 유를 이루어 낼 만큼 대한민국의 발전을 이끄는 강인한 남성상을 사회에서 모범으로 삼는 경우가 많았다.

결혼이 사회적인 의무로 인식되었던 전통적인 가치관이 지배하는 시대를 살아왔던 만큼 본인의 삶 보다는 다소 강압적으로 의무, 배려, 양보를 모범으로 삼고 결혼을 했었다.

전후세대 남자들은 대체적으로 권위적이고 가부장적이며 여자들 역시나 남편한테 순종하는 것을 당연하게 보는 사람들이 많다.

이 시기에 여자들은 사회생활을 하는 경우는 드물었으나, 여자들은 기본적으로 권위를 누리지 못했기에 가장 힘들었던 시대이기도 하다.

1950년대에 출생한 마지막 전후세대들은 자식들한테 결혼을 독려하기는 하지만, 그래도 자식이 독신으로 살기를 고집한다면 굳이 강제적, 반강제적으로 결혼을 추진하는 경우가 없기에 사실상 결혼을 의무가 아닌 선택이라고 생각하는 인식은 이미 1950년대 생 어른들부터 가지고 있는 사고라고 봐도 무방하다.

386세대를 기점으로 한 전후세대들의 자식 세대의 결혼 문화는 많이 변화했다.

이 세대들은 대한민국의 민주화를 위해 노력했었던 세대이며 자연스럽게 여자들의 권위를 향상시키는데도 노력했던 세대라고 볼 수 있다.

남자들 역시 여자한테 배려를 해주는 것을 모범으로 삼았고, 여자들 역시나 가부장적인 성격의 남자나 상 남자보다는 민주적이고 자상한 남자들을 선호하게 되었다.

집값의 고공 상승과 개인주의의 확산으로 밀레니얼 세대 중에도 뒷 세대들은 남자들이 결혼을 망설이는 경우가 많아졌고, 결혼을 하더라도 자녀를 한 명만 가지는 경우가 보통이다.

성에 대해서는 여전히 보수적이고 크게 튀는 것을 좋아하지는 않는다.

90년대 생과 2000년대 이후 출생한 MZ세대는 양쪽 다 계산적이고 합리적인 남편, 아내 관계를 형성하고 있다.

이들 대다수가 386세대들의 자제이며, 이들은 현재 2022년 시점으로 사회에 첫발을 내디디며 사회생활을 시작했고, 결혼을 현실적으로 생각하는 가장 어린 나이 대라고 할 수 있다.

최근의 MZ세대를 기점으로 결혼문화는 다시 한번 크게 변화하고 있다.

이전 세대와는 다르게 남자가 여자를 위해 무한히 희생하는 삶 자체를 거부하며, 결혼을 할 때도 남녀를 불문하고 서로 이해 타산적으로 계산을 하면서 나가는 경향이 많다.

한마디로 본인이 얻을 수 있는 이익과, 본인이 상대한테 줄 수 있는 것을 정확히 따진다.

너무나 상승해버린 집값과, 취업률 부진으로 일부 남자들은 결혼을 아예 생각을 안 하는 경우도 있다.

전체주의적인 관념을 가졌던 전후세대와는 반대로 이들은 철저히 개인주의적이다.

주택 문제와 취업, 결혼 선결 과제

혼인율과 출산율을 최대한 높이기 위해 정부는 고심하고 있으나 생각보다 쉽지가 않다.

우선 결혼을 해서 자식이 있는 사람들한테 세금을 감면 해주는 등의 정책은 훌륭한 제도지만 그것만으로는 충분치가 않다.

결혼을 앞둔 젊은이들에게는 내 집 마련과 먹고 살 수 있는 일자리 마련이 가장 급선무다.

전북 완주군민들은 가장 시급한 인구정책으로 '결혼과 출산', '청년 일자리 분야'를 꼽았다.

이는 지역농업네트워크 호남협동조합이 2022년 8월 완주군청에서 열린 '인구구조 변화에 따른 사업 발굴 용역 중간 보고회'에서 밝힌 중간 보고서를 통해 드러났다.

세계일보가 보도한 기사에 따르면 완주군 13개 읍,면에 거주하는 주민 375명을 대상으로 지난달 완주군민 인식조사를 한 결과 가장 시급한 인구정책 분야에 대해 '결혼과 저 출산 분야'(4.07점)와 '청년지원과 일자리 창출 분야'(4.01점)라고 응답한 점수가 가장 높았다.

점수는 항목당 5점 만점을 기준으로 했다.

결혼과 출산 분야에서 우선 추진해야 할 정책으로는 '출산과 육아를 책임지는 보육환경'(4.05점)이 가장 높았다.

아이 돌봄의 사회적 책임과 맞춤 보육'(3.99점), '일과 가정의 균형을 통한 워라벨 문화'(3.82점) 등이 뒤를 이었다.

결혼과 출산의 전제조건으로 아이를 낳아 키울 수 있는 환경이 중요함을 보여주는 대목이다.

청년 지원과 일자리 분야 우선 추진 정책으로는 '산업단지 내 기업유치'(3.99점), '청년의 취업과 지역 정착을 위한 기반 조성'(3.93점), '청년과 중장년을 위한 세대별 맞춤 직업훈련'(3.86점) 등이 주를 이뤘다.[7]

경상일보가 보도한 울산시의 2022년 사회조사 결과 울산 여성의 24.5%만 결혼 계획이 있고 결혼을 하더라도 자녀를 가질 의향은 30.1%에 머물렀다.

울산시는 2022년 4월 13일부터 26일까지 지역 내 3820가구 만 15세 이상 가구주 및 가구원을 대상으로 △삶의 질 △사회복지 △노동,고용 △인구유출 △베이비부머 세대 △사회참여,통합 △코로나19 △보건,위생 △환경 △안전 △부울경 특별지방자치단체 △구,군별 특성항목까지 총 12개 부문 131개 항목을 취합해 분석한 '2022 울산광역시 사회조사' 결과를 최근 발표했다.

---

[7] 김동욱 기자, "결혼과 출산·청년 일자리"… 완주군민이 꼽은 시급한 인구정책',〈세계일보〉, 2022.07.25 15:48:57, https://www.segye.com/newsView/20220725516792?OutUrl=naver, 2022-08-12.

이번 사회조사는 지난 2018년 인구주택총조사 표본에서 3820가구를 선정했고 이중 응답자는 총 6832명(가구주 및 만15세 이상 가구원)이다.

49세 이하 미혼 시민(만15~49세 대상)의 결혼 계획에 대해 조사했을 때, 남녀 각각 31.5%, 24.5%가 '있음'으로 응답했다. '잘 모르겠음' 남 43.6%, 여 43.8%, '없음'에 남 25.0%, 여 31.7%로 나타났다.

이어 49세 이하 미혼 시민의 향후 '1명 이상'의 자녀를 가질 의향이 있다는 응답은 남성 38.0%, 여성 30.1%이었으며, '없음'은 남 27.3%, 여 36.5%로, '모르겠음' 남 34.7%, 여 33.4%로 나타났다.

출산을 기피 하는 주된 이유로 미혼 남성은 '육아에 대한 경제적 부담'이 42.1%, '무자녀 생활의 여유 및 편함' 28.9%을 꼽았다. 미혼 여성은 '육아에 대한 경제적 부담'이 37.5% '무자녀 생활의 여유 및 편함' 30.7%, '경력단절 문제' 7.1% 등의 순이었다.

삶의 질 부문에서 시민의 주요 생활 관심사에 대해 중복 응답을 받은 결과, '경제(돈)'가 77.3%로 가장 높았고, '건강' 63.7%, '직업, 직장' 31.7% '자녀 양육 및 교육' 31.4% 등 순이다.

결혼 부채 주 이유 '주택 임차 및 구입'

시 가구의 47.8%는 현재 가구 부채가 있다고 응답했다.

주된 부채 이유는 '주택 임차 및 구입'이 69.1%로 가장 높았다.

교육비를 제외한 월 평균 생활비는 200만원 이상 비율이 2012년 18.2%에서 31.6%로 올랐다.

가정 경제에 대한 전망은 악화될 것이라는 응답이 23.2%에서 34%로 올랐고, 호전될 것이라는 전망은 25.5%에서 13.5%로 낮아졌다.

만 15~49세 미혼 시민의 결혼 계획 조사 결과 남녀 각각 31.5%와 24.5%가 '있음'으로 응답했다. '잘 모르겠음'은 남성 43.6%, 여성 43.8%, '없음'은 남성 25.0%, 여성 31.7%로 3분의 1도 채 되지 않는 시민들만 결혼 계획이 있었다.

미혼 시민을 대상으로 향후 1명 이상의 자녀를 가질 의향이 있느냐는 응답에는 남성 38.0%, 여성 30.1%가 있다고 응답했다. '없음'은 남성 27.3%, 여성 36.5%, '모르겠음' 남성 34.7%, 여성 33.4%로 향후 출산을 통한 인구 유지가 쉽지 않다는 결론이 나왔다.

출산을 기피하는 주된 이유로 미혼 남성은 '육아에 대한 경제적 부담'(42.1%)과 '무자녀 생활의 여유 및 편함'(28.9%)을 꼽았다. 미혼 여성은 '육아에 대한 경제적 부담'이 37.5%, '무자녀 생활의 여유 및 편함'이 30.7%, '경력단절 문제'가 7.1%였다.[8]

결혼 앞 둔 고민, 내 집 마련과 취업

이처럼 결혼을 앞둔 우리나라 젊은이들의 제일 큰 고민은 내 집 마련과 취업이다.

주택문제 해결을 위해 윤석열 정부는 향후 5년간 전국에 주택 270만가

---

8 이춘봉 기자, "2022 울산시 사회조사, 시민 최대 관심사는 '돈'. 미혼자 결혼계획 30%뿐", 〈경상일보〉, 2022.08.19 00:10, http://www.ksilbo.co.kr/news/articleView.html?idxno=944465, 2022-08-24.

구를 공급하는 내용의 첫 주택공급대책을 2022년 8월 16일 발표했다.

서울을 비롯한 수도권 중심 공급을 확대하기 위해 재건축,재개발 등 정비사업 규제를 대폭 완화하고, 민간의 도심개발사업을 지원한다는 내용이 골자이다.

청년층의 내 집 마련을 위한 지원책도 포함됐다.

원희룡 국토교통부 장관은 이날 오전 서울 종로구 정부서울청사에서 브리핑을 열고 "향후 5년간 270만 가구를 공급 하겠다"며 "그 중에는 서울 50만가구, 도심 정비사업 52만가구, 공공택지 88만가구가 공급 된다"고 밝혔다.

공급 원칙은 △도심 개발 규제 완화를 통한 내집 마련 기회 확대 △주택공급 시차 단축 △주거사다리 복원 △주택품질 제고 등 5가지다.

원 장관은 "270만은 인허가 기준이라 공급에 시차가 있다"며 "주택가격 하락기에 공급을 줄였다가 막상 상승 사이클 때 공급 부족으로 (가격) 폭등을 맞은 실태를 범하지 않아야 한다는 면에서 차질 없이 진행할 것"이라고 강조했다.

주택사업 인허가 걸림돌로 작용했던 각종 규제도 완화한다.

대표적으로 분야별로 나눠진 심의제도를 통합한 통합심의를 공공과 민간에 전면 도입하게 된다.

100만㎡ 이하의 중소택지의 경우 지구지정과 지구계획수립 절차를 통합하기로 했다.

또 중소택지 정비사업 변경 및 사업인가 시 총회 의결 등 동일 절차를 일괄 처리하기로 했는데, 이 경우 사업기간이 5~6개월 단축될 전망이다.

소규모 주택사업에 대해서는 금융,세제 지원 및 절차 간소화도 추진한다.

민간자금을 조달할 경우 기금과의 금리차 일부를 약 2%포인트 수준에서 보전하는 이차보전 제도를 신설하기로 하고, 1가구 1주택 소규모 조합원에 대한 지방세 감면도 협의할 계획이다.

또 단일 공동주택 단지에서만 추진 가능한 소규모 재건축의 경우 사업요건을 충족하는 연접 복수단지에도 이를 허용하는 방안을 추진할 예정이다.

또 청년, 신혼부부 등의 '내 집 마련'을 위해 시세보다 저렴한 50만가구 내외의 '청년원가,역세권 첫집'을 공급한다.

대상은 청년(19~39세이하)과 신혼부부(결혼 7년내 등), 생애최초 주택구입자 등이다.

소득 요건은 민간 신혼특공(월평균 근로자소득 140~160%) 이하로 검토하고 있다.

비즈니스 워치보도에 따르면 정부가 베일에 싸여있던 '청년 원가주택'의 청사진을 공개하면서 건설사들이 긴장하고 있다고 한다.

시세보다 훨씬 저렴한 주택이 공급되면 민간 아파트 청약 수요가 감소할 것이라는 전망에서다.[9]

---

9 이하은 기자, "시세 70% '청년 원가주택'에…건설사 '긴장'", 〈비즈니스워치〉, 2022.08.18(목) 12:00, http://news.bizwatch.co.kr/article/real_estate/2022/08/18/0004, 2022-08-24.

정부, 내 집 장만 대책마련 서둘러

윤석열 대통령도 공약 발표 당시 많은 청년층이 결혼과 출산을 기피해 인구 절벽의 우려가 심화하고 있고, 이들의 어려움이 주택시장은 물론 사회경제에도 불안요인이 되고 있어 대책 마련이 시급하다"고 강조했다.

청년들은 주거 공간 확보와 자산 형성의 두 마리 토끼를 잡을 수 있게 되는 셈이다.

박원갑 KB국민은행 수석부동산전문위원은 "이번 방안 발표로 내 집 마련 실수요자들은 기존 주택시장보다 분양시장에 더 관심을 쏟을 것"이라며 "특히 주택시장의 핵심축인 2030세대는 신규 분양으로 내 집을 장만하려 할 것"이라고 내다봤다.

최근 뜨거웠던 분양시장의 열기는 이미 한풀 꺾인 상태다.

수요가 풍부한 서울에서조차 준공 후 미분양이 발생했고, 무순위 청약은 자연스러운 절차가 된 분위기다. 270만 가구 공급이 가시화되면 청약 양극화 현상이 심화할 것이라는 우려가 나온다.

그나마 분양가가 저렴한 공공분양, 사전청약 등으로 수요가 이동한 탓인데, 청년 원가주택이 공급되면 수요자들은 더욱 분산될 것이라는 우려가 나온다.

건설사 관계자는 "최근 분양시장은 지역, 입지별로 양극화가 심해진 상황"이라며 "금리 인상 등으로 부동산 시장이 전반적으로 조정기에 들어서면서 지방부터 점점 분양이 어려워지고 있다"고 말했다.

청년 원가주택 등 정부가 저렴한 주택을 공급할 것이라는 기대심리에 수요가 더 분산되고, 건설사들도 분양에 좀 더 보수적으로 나설 수밖에 없다"고 덧붙였다.

전문가들 역시 청약 양극화 현상이 심화할 수 있다고 지적한다. 공급 물량이 많았던 대구 등은 미달 현상이 지속하고, 서울 등 공급이 적은 지역은 분양가, 입지 등에 따라 '옥석 가리기'가 이뤄질 것으로 내다봤다.

함영진 직방 빅데이터랩장은 "청년 원가주택 등은 소득 대비 주거비 부담이 큰 사회초년생과 2030세대의 종잣돈,내 집 마련에 큰 도움이 될 전망"이라면서도 "비교적 차익 기대가 큰 입지로 수요가 쏠리는 청약 양극화 현상이 극명할 전망"이라고 말했다.

분명 정부는 주택문제 해결을 위해 노력 중이다. 그러나 이같은 노력만으로 해결될까.

취업시장 한파에 청년층 결혼도 늦어져

취업 문제로 눈길을 돌려보자.

최준영,법무법인 율촌 전문위원이 조선일보에 게재한 출발 늦추는 '지연사회' 르포를 보자.

글의 핵심 내용에 따르면 우리나라 청년의 사회 진출은 다른 나라에 비해 늦다고 한다.

안정적이고 좋은 직장 취업을 위해 대학 졸업을 늦추고, 이후에도 몇 년간의 취업 준비 기간이 더해지는 경우가 많다는 것이다.

경제활동 지연은 결혼 연령 상승으로 이어지고, 만혼 추세의 일반화는 저 출산 경향으로 이어진다.

정부에서는 신혼부부에 대한 지원을 통해 출산율을 높이고자 노력하고 있지만 신혼부부 자체가 나이가 많은 경우가 대부분이기 때문에 한계가 분명하다고 지적한다.

한국보건사회연구원과 여성정책연구원 공동 연구팀이 발간한 '한국의 인구구조 변화와 미래 경제사회 발전' 보고서에서는 결혼이 1년 더 늦어질수록 합계출산율은 0.1명 줄어드는 것으로 분석하였다.

지난 20년간 초혼 연령이 4.6년 늦어졌음을 고려해보면 합계출산율이 0.5명 정도 낮아지는 결과가 나타났다고 한다.

지연사회의 한 단면이라고 파악하고 있다.

최근 뉴스1은 통계청 '2022년 5월 경제활동인구조사 청년층 부가조사' 발표를 인용, 취업시장 한파에 청년층 '졸업도, 첫 취업도 길어졌다'고 보도했다.

15~29세 청년층 대학졸업자가 대학을 졸업하기까지 소요되는 평균 시간이 4년3.7개월로 지난해 대비 0.3개월 증가한 것으로 나타났다.

남자는 평균 5년 10개월, 여자는 평균 3년 9개월의 시간이 소요되는 것으로 나타났다.

졸업 후 첫 취업까지 소요되는 기간은 10.8개월로 전년 대비 0.7개월 증가했다.

취업시장 불황으로 졸업과 첫 취업까지 소요되는 시간이 모두 증가한 것이라는 해석이 나온다.[10]

---

10 최준영·법무법인 율촌 전문위원, "취업도 결혼도 완벽하게 준비된 후에"… 출발 늦추는 '지

결혼 미루고 일 선택하라는 사회

이러한 가운데 한정연 더스쿠프 칼럼니스트가 최근 쓴 글 "결혼 미루고 일 선택하라는 야속한 사회" 칼럼이 우리의 눈길을 끈다.

칼럼에서는 "비혼(非婚)과 미혼(未婚)이 개인의 선택이라는 주장은 사회적으론 무책임한 해석이다. 비미족(비혼·미혼족)의 선택은 경제 문제와 직결돼 있기 때문이다. 우리는 현 경제 시스템 아래서 더 큰 빚을 만들어가며 3인, 4인 혹은 5인 가구가 될 것인지, 아니면 빚에서 부분적으로나마 자유로운 1인 가구가 될 것인지 강요받는다. 그래서 이 부분적인 자유를 소확행이나 워라밸이라고 불러도 될지는 의문이다.

부모로부터 자산을 넘겨받지 못한 사회 초년생들은 일단 학자금 대출이라는 빚을 지고 사회생활을 시작한다.

그런 이들이 만나 결혼을 선택한다면 어떻게 될까.

30~40대를 통째로 갈아서 만든 작은 집 한채, 그리고 느닷없이 다가오는 소득의 절벽기를 거쳐 노년기에 이른다. 이런 당연한 미래를 깨닫는 순간 우리는 꿈을 꾼다는 것조차 불경스러워 퇴사라는 옵션조차 없는 삶에 만족할 수밖에 없다."고 우리 사회의 단면을 통렬히 비판한다.

이어 "저출산의 원인은 변화된 청년의 삶에서 찾아야 한다. 우리나라에선 "스타트업에서 일하려면 모든 것을 바쳐야 한다" 거나 "장인(匠人)이 되려면 워라밸을 포기해야 한다" 는 편견이 있다. 그러나 이는 일종의

연사회'[르포 대한민국]'",〈조선일보〉, 2022.08.10 03:00, https://www.chosun.com/SOQJRJEREZDODE33N3PFOPTW2I/, 2022-08-24.

'노동 환상'이다. "스타트업에서 모든 것을 바쳐 일했다"고 말하는 것은 가능하지만 모든 스타트업 종사자들에게 창업자들 처럼 일하는 게 당연하다고 말하는 것은 강압이다.

이런 삶을 살면서 결혼하고, 출산하고, 육아를 하라는 말은 그 주변에 누군가는 희생해야 한다는 말과 다름없다."고 지적한다.

결론적으로 '노동 환상'을 계속 유지한다면, 결혼하는 한국인의 숫자는 해마다 줄어들 것이라고 현 상황을 사실에 입각한 시선으로 바라보고 있다.[11]

청년층을 위한 정부 대안

다음은 청년층을 위한 정부측의 대안이다.

원희룡 국토교통부 장관은 2022년 5월 24일 경기 성남시 수정구 LH기업성장센터에서 열린 '청년과의 만남, 주거정책의 시작' 간담회에서 국민께 드리는 약속을 밝혔다.

이 자리에서 원희룡 장관은 정부를 대표해 "윤석열정부는 '자율과 창의로 만드는 담대한 미래'라는 세 번째 국정목표를 달성하기 위해 '청년의 꿈을 응원하는 희망의 다리를 놓겠다'고 열일곱 번째 약속을 밝혔다.

이를 위해 청년에게 내 집 마련 기회의 확대 등 주거 사다리를 복원하고 청년 특화 취‧창업 지원 확대를 통해 일자리 기회를 창출하며 신기술 분야

---

11 한정연, ""[비미혼유발사회2] 결혼 미루고 일 선택하라는 야속한 사회"", 〈더스쿠프〉, 2022.08.04 https://www.thescoop.co.kr/news/articleView.html?idxno=55047, 2022-08-24.

인재 양성 및 청년의 교육기회를 확대한다.

또한 청년에게 공정한 기회를 보장하기 위해 제도적 지원을 강화하고 청년세대에 불합리한 법령상의 장애물을 제거해 청년들의 경제활동을 촉진하며 정책 참여의 장도 대폭 확대할 방침이다" 고 강조했다.

주요내용은 다음과 같다.

먼저 △내 집 마련을 위해서 청년 신혼 생애최초 계층에 원가주택 등 50만 호를 공급하고 청약 및 특별공급 제도개선으로 청년 세대의 내 집 마련 기회를 확대한다.

이를 위해 청년 등이 생애최초 주택을 구입할 때 가구 주택담보대출비율(LTV) 상한 기준 60에서 70%를 80%로 완화하고 총부채원리금상환비율(DSR) 산정시 청년층 미래소득을 반영해 활성화 될 수 있도록 추진한다.

△ 취업지원 혁신을 위해서는 청년 고용서비스 혁신을 통해 재학 단계의 청년들에게 조기 개입해 취업,경력설계 및 상담을 통한 맞춤형 서비스를 제공한다.

이에 다양한 일경험 프로그램, 지방청년 위한 기업주도 프로그램 등 민,관 협업을 통한 양질의 일 경험 기회를 제공한다.

△ 청년창업 기반 강화를 위해 청소년 시기부터 창업인재를 양성하고 청년의 과감한 창업도전과 성장을 촉진하는 패키지형 지원체계를 구축한다.

△ 미래역량 강화를 위한 지원으로는 신기술 분야 특화 교육과정을 운영하는 '부처 협업형인재양성사업' 확대 및 우수인재 조기 양성 위한 연구활동 지원을 추진하며 군복무 중 학점을 취득 할 수 있는 지원대학을 확대한다.

△ 교육 부담 완화를 위해 국가장학금 내실화 및 취업 후 상환 학자금 대출지원 확대를 통한 학비 등의 경제적 부담을 완화한다.

이를 위해 취업준비생의 안정적 사회진출을 위한 '(가칭)청년 취업 후 상환 대출제도'를 도입한다.

이 같은 정책의 △기대효과 달성을 위해 2030의 내 집 마련을 통해 주거 안정과 건전한 자산 형성을 기대하고 노동시장 진입의 활성화 및 창업 도전,성장 촉진으로 청년 취,창업 기회를 확대한다.

또한 부처 협업을 통해 신산업,신기술분야 전문인재 양성 및 대학생 등록금 부담을 경감해 청년의 안정적 사회진출을 지원한다.

청년에게 공정한 도약의 기회 보장을 위해서는 △ 공정기반 구축을 구축한다. 이는 채용 과정의 불공정성 해소 등 공정문화를 확산한다.

이를 위해 국가자격시험제도의 불공정한 특례제도를 개선하고 '채용비리 통합신고센터'를 통한 상시 단속,점검, 신고 접수,처리 및 직권조사, 교육,컨설팅 등을 실시한다. 이를 통해 공공부문 채용비리를 근절한다.

또한 청년 아르바이트생 노동권 침해 시 원스톱 권리구제 서비스 지원을 확대하며 불공정 사례 모니터링 및 공정문화 확산을 위한 캠페인,홍보를 강화한다.

△ 자산형성 지원을 위해서는 청년이 적립한 금액에 정부가 기여금을 연결해 지원해 만기 시 목돈이 마련될 수 있는 (가칭)청년도약계좌를 발매한다.

또한 상품에서 발생하는 이자,배당소득 등에 대한 세제혜택도 제공한다.

△ 취약청년 출발 지원으로는 취약청년 발굴,지원체계 재편 및 취약청년을 지원할 수 있는 '(가칭)청년도약준비금' 신설을 검토하고 구직단념 청년의 구직의욕 고취 및 취약청년(자립준비청년, 가족돌봄청(소)년, 고립, 은둔청년 등) 실태 파악, 맞춤형 지원체계를 구축,확대하기로 했다.

이를 통해 불합리한 제도개선과 채용비리 근절로 청년세대의 공정한 기회를 보장하고 청년 자산형성 지원으로 자립할 수 있는 기반 마련 및 청년층 복지사각지대 발굴,지원으로 미래 도약 기회를 보장하는 효과를 기대케 하고 있다.

△ 청년에게 참여의 장을 대폭 확대를 위해서 국정전반에 청년인식 반영 통로를 활성화하고 중앙부처 청년참여 정부위원회(현 190개) 및 청년 위

촉을 확대하는 한편 △ 청년 통합지원체계 구축으로 청년정책 종합정보 제공, 쌍방향 소통, 청년활동 진흥 등을 추진하기 위한 온,오프라인 지원체계(가칭 청년도약베이스캠프)를 개선한다.

이를 위해 온라인 청년정책 플랫폼을 고도화하고 지역별 거점청년센터 및 중앙 지원센터를 운영키로 했다.

△ 지방 및 민간 협업을 위해 중앙부처와 지방자치단체,청년단체 간 협업을 통해 청년 수요에 부합하는 사업을 발굴,지원하며 △ 청년정책 인프라 구축을 위해 청년문제에 능동적,탄력적으로 대응하기 위한 재원조성 방안을 강구하고 근거기반 정책을 뒷받침할 전담 연구기관 설치를 검토할 예정이다.

△ 법제 개선으로는 일,학습 병행 또는 취업 후 진학 청년에게 불공정하거나 청년의 경제적 조기 자립에 장애가 되는 자격제도를 개선하기로 했다.[12]

결혼의 관문인 내 집 마련과 안정적인 일자리 찾기는 우리나라 젊은이들의 절박한 심정을 헤아리면서 정책을 입안하고 대안을 제시해야한다.

대안 제시에만 그치지 말고 실효를 거둬야 한다.

가슴 치면서 '인구절벽'이라는 우리 사회 미래를 한탄하지 말고 지금부터라도 하나하나 슬기롭게 풀어나가자는 얘기다.

---

12 정책주간지 공감, "청년의 꿈을 응원하는 희망의 다리를 놓겠습니다", 〈정책주간지공감〉, 2022.06.12 https://gonggam.korea.kr/newsView.do?newsId=GAJoc0EV4DDGJ000, 2022-08-24.

"아이가 한국의 미래다"

Ⅱ. 가정

[1] 신혼

출산장려, 인구절벽 해소라는 우리시대 과제의 해법은
내 집 마련에서 시작된다.
결혼 후 임신, 출산, 육아와 관련한 모든 꿈은
삶의 보금자리에서 이루어지기 때문이다.
필자는 집 마련이 어려워 결혼이 늦어지고
경제적인 문제로 인해 출산자체를 두려워하고
이로 인해 인구감소, 인구 절벽 문제가 발생하는
악순환이 되풀이 된다고 생각한다.
삶에 있어서 모든 문제가 그렇듯
가정에서 출발하고 문제 해결의 실마리도
가정에서 찾아야야한다.

Ⅱ. 가정

[1] 신혼

- 내 집에서 신혼 꿈 꾼다 -

　출산장려, 인구절벽 해소라는 우리시대 과제의 해법은 내 집 마련에서 시작된다.
　결혼 후 임신, 출산, 육아와 관련한 모든 꿈은 삶의 보금자리에서 이루어지기 때문이다.
　필자는 집 마련이 어려워 결혼이 늦어지고 경제적인 문제로 인해 다자녀 출산은 물론 출산자체를 두려워하고 이로 인해 인구감소, 인구 절벽 문제가 발생하는 악순환이 되풀이 된다고 생각한다.
　이러한 악순환의 고리를 어떻게 끊고 다시 대한민국의 희망찬 미래를 이야기할 수 있을까.
　삶에 있어서 모든 문제가 그렇듯 가정에서 출발하고 문제 해결의 실마리도 가정에서 찾아야한다.

자본주의, 자유민주주의 사회에서 빈부의 문제, 개개인의 인생관이야 어쩔 도리가 없다.

그러나 사회적인 합의, 정책적인 배려, 가족 간의 소통에 의한 문제해결의 희망마저 포기해서는 안 된다.

최근 윤석열 정부는 '자율과 창의로 만드는 담대한 미래' 라는 국정목표를 달성하기 위해 '청년의 꿈을 응원하는 희망의 다리를 놓겠다' 는 약속을 밝혔다.

이를 위해 정부는 청년에게 내 집 마련 기회의 확대 등 주거 사다리를 복원키로 했다.

필자는 주거사다리 정책이 신혼부부를 위한 대표적인 주택정책이라 보고 이를 중심으로 집필을 진행한다.

신혼부부의 특성과 주거

박미선 국토연구원 책임연구원이 국토정책브리프를 통해 지난 2018년 4월 30일 발표한 주거사다리 강화를 위한 신혼부부 주거지원 정책방안을 보자.

신혼부부의 특성과 주거실태는 경제적인 불안정과 육아 부담, 높은 주택가격과 임대료로 인해 젊은 층의 결혼이 급감하고 있고 이 때문에 저 출산에 따른 우리 사회문제가 지속되고 있다고 보고 있다.

그렇기 때문에 신혼부부 주거지원의 필요성이 점차 커지고 있다고 보고 있다.

　통계에 의하면 신혼부부 중 자녀가 있는 가구일수록 외벌이로 변화하면서 맞벌이 비율이 급감하고 있는 것으로 밝혀졌다.

　반면에 자녀 출산에 따른 주거 환경 변화의 필요성은 더욱 절박해지고 가구 소비지출은 급격히 늘어나 이에 대응하기 어려운 문제가 발생한다.

　결혼에 따른 주거비 마련은 부모로부터의 도움이 7,900만 원, 대출을 통해 8,080만 원이 평균인 것으로 조사를 통해 나타나고 있다.

　결혼 이후에는 자녀의 출생으로 자연스럽게 가계 지출은 늘어나게 된다.

　반면에 가정의 수입은 자녀 양육 등으로 맞벌이에서 외벌이로 변화하므로 심각한 어려움을 겪게 되고 이를 예견한 신혼부부들이 자녀 출산을 그저 행복한 시각으로 바라볼 수 있을까.

　우리사회를 위해 개인의 어려움을 수긍하고 다자녀 출산이 애국이라는 말에 크게 공감할 수 있을까.

　이 때문에 결혼과 출산에 따르는 제반 차용금의 이자비용 경감, 자녀 양육 편의시설 지원, 적정 규모 주택 지원이 필요하게 되는 것이다.

　정책 당국의 우선적 지원 집중분야는 층간 소음, 국공립 어린이집, 영유아 탁아소, 무인택배 등 보육 및 생활 편의시설 확충이다.

　대부분의 가정에서는 정부의 신혼부부 주택공급 정책에 대한 중요도는 높게 인식하나 실현가능성은 이보다 낮게 평가하고 있다.

　그래서 정책의 실효성을 높이기 위한 우선순위, 선택과 집중이 매우 필요하다.

 현재 우리나라의 신혼부부 주거지원 정책 동향을 보면 중앙정부는 기존의 저소득층 중심에서 신혼부부를 포괄하는 정책으로 지원 대상을 확대하고 있으며 직접적인 저렴 주택 공급과 간접적인 저리 대출 방식을 활용하고 주거복지 로드맵에서 신혼부부 주거지원 대상 확대 및 지원을 강화하고 있다.

 지방정부의 경우 서울, 경기, 부산 등 주택가격이 높은 대도시(인근) 지역 및 강원과 같이 인구유입이 필요한 지역에서 신혼부부 주거지원 방안을 마련하고 시행 중이다.

 때문에 신혼부부 주거지원은 시급성과 주거소요 변화를 고려하여 지원 대상을 설정하고, '주거사다리' 강화 및 선순환이 이루어지는 구조로 주거단지 조성이 필요하다.

또한 자녀 양육에 따른 인센티브 강화와 자녀 수 증가에 따른 주거안정성을 강화하고 주거면적 확대를 위한 방안 마련이 시급하다.

장기적으로 혼인신고라는 제도적 틀보다 유자녀 가구 지원, 생애최초 주택구입 지원의 틀 속에서 포용적으로 접근하고 일-가정 양립 중심으로 사회적 인식 전환 필요한 것으로 보고서는 지적하고 있다.[13]

신혼부부 주거실태

신혼부부 주거실태를 좀더 자세히 살펴보자

신혼부부 규모는 지속적으로 감소 추세에 있다.

2011년부터 2017년 까지 7년간 혼인 건수는 연간 6.5만 건 감소, 초혼인 경우도 20.6만 건으로 약 20% 감소 신혼부부 중 유자녀 부부의 맞벌이 비중은 급감 했다.

자녀가 없는 경우 맞벌이 비중은 51.7%, 자녀가 있는 부부의 맞벌이 비중은 38.6%를 나타낸가운데 맞벌이에서 외벌이로 바뀐 가구에서 출생아 수가 가장 많이 증가했다. ('14년 대비 '15년 평균 출생아 수 변화)

이 기간 신혼부부 중 자가는 2.3억 원, 전세금은 1.5억 원인 것으로 나타났으며 임대차 계약 2년 종료 후 주거이동이 진행됐다.

---

13 박미선 국토연구원 주택·토지연구본부 책임연구원, 「주거사다리 강화를 위한 신혼부부 주거지원 정책 방안」, 『국토정책 Brief』, 662호, 2018-04-30.

　수도권이나 서울에 거주하는 신혼 부부의 주택가격과 보증금/월세 지출이 높다.

　보증부 월세 가구는 평균 3,500만 원 보증금에 38만 원 임대료를 지불했다.

　신혼부부의 2년 이내 주거이동률은 71.0%(전체가구 36.9%에 비해 두 배 높음)이고 평균 거주기간은 2년(전체가구 7.7년에 비해 짧음)주거지원 정책 수요는 자가 〉 전세 〉 공공임대주택 공급 순으로 나타났다.

　신혼부부는 주택 구입자금은 부모를 비롯한 친지들로 부터의 지원

(43.2%), 전세자금 대출(24.2%), 공공임대주택 공급(15.0%) 순으로 밝혀졌다.[14]

국토교통부 조사결과 공공분양 주택보다는 공공임대 주택공급에 대한 선호가 2~3배 높게 나타났다.

이 같은 실태는 우리가 주변으로부터 보고 듣던 내용을 크게 벗어나지 않는다.

이러한 제반 문제 해결을 위한 정부의 구체적 노력을 알아보자.

먼저 중앙정부의 신혼부부 주거지원 정책을 살펴보면 공공임대주택 정책대상이 저소득층 중심에서 다양한 계층을 포괄하는 방식으로 변화하면서 신혼부부가 주거복지 대상에 포함돼 있다.

신혼부부 주거지원의 주된 방식은 저렴한 임대주택 공급의 직접 지원 방식과, 전세/자가 마련 자금 저리 대출의 간접 지원 방식으로 대별돼 있다.

신혼부부를 특별공급 대상에 포함하고 일정비율을 할당하는 방식과 신혼부부 소득자산 기준을 완화하여 더 많은 혜택이 돌아갈 수 있도록 배려하는 방식을 활용하고 있다.

주거복지 로드맵' 에서 신혼부부 주거지원 대상을 확대하고 지원방안을 명시했다는 점이 눈에 띈다.

지방정부의 신혼부부 주거지원 모습은 서울, 경기, 부산 등 주택가격이 높은 대도시(인근) 지역에서 신혼부부 주거지원을 위한 자체적인 방안을 마련하여 운영 중이다.

---

14 박미선 국토연구원 주택·토지연구본부 책임연구원, 「주거사다리 강화를 위한 신혼부부 주거지원 정책방안」, 『국토정책 Brief』, 662호, 2018-04-30.

　서울은 보증금 지원형 장기 안심주택, 신혼부부 임차 보증금 이자보전, 저 출산 대응 주거지원을 강화했고 경기도는 '따복하우스'를 통한 출산 자녀수별 대출이자 비례 감면, 입주민 유형별 디자인 차별화 등 가장 대표적이고 포괄적이며 수요 반응형 프로그램 운영한 바 있다.

　부산은 부산드림아파트, 햇살둥지(반값임대주택) 사업 등을 실시, 또는 실시 중이며 강원도와 같이 인구유입을 희망하는 지역에서도 신혼부부 지원 방안 마련했는데 도내 6개월 이상 거주 무주택 신혼부부 대상 부인에게, 소득수준에 따라 정액을 주거비로 지원하고 있다.[15]

---

15 국토교통부, 「2016년도 일반가구 주거실태조사」, http://www.molit.go.kr/USR/NEWS/m_71/dtl.

신혼부부 주거소요 비용 분석

신혼부부 특성과 주거지 선정 및 주거비 조달 방식을 살펴보자.

국토연구원이 주택가격이 높고, 전체 신혼부부의 절반 이상을 차지하는 수도권 거주 신혼부부와 2년 이내 결혼 예정인 예비 신혼부부를 대상으로 2017년 11월 실시한 설문조사 결과를 보자.

결혼 기간이 길수록 유자녀 가구가 증가하지만 맞벌이에서 외벌이로 변화가 뚜렷하다.

결혼 1년 이내인 경우 유자녀 비율은 2.3%이나 결혼 4년 이상이면 유자녀 가구가 34.1%로 증가하며 동시에 맞벌이 가구 비율은 87.2%에서 58.3%로 하락 했다.

자녀 출산 시 양육 자금과 주거소요 비용이 증가하는 데 비해 가구소득은 증가하지 않을 가능성이 크다.

아이 낳는다고 급여를 올려주는 회사는 거의 없기 때문이다.

사정이 이렇다 보니 증가하는 주거비 마련은 부모 도움과 대출을 통해 이루어진다.

주택 내부시설에 대해서는 방의 크기나 채광, 방수 등에 대한 중요도와 만족도가 높아 지속적인 노력이 요구되고, 중요도는 높으나 만족도가 낮은 우선적 집중 분야는 층간 소음으로 나타났다.

---

jsp?id=95079122, 2022.08.24.

주택 단지는 국공립 어린이집, 영유아 탁아소, 무인택배 등 육아지원과 생활편의시설에 대한 투자가 우선적으로 필요한 것으로 밝혀졌다.

주택공급 프로그램 활용과 관련한 설문에서 응답자들은 행복주택이나 신혼부부 특별공급에 대한 인지도와 이용의향이 높은 것으로 밝혀졌다.

특히 자금지원 프로그램 중에는 신혼부부 우대금리가 적용된 디딤돌 대출과 버팀목 전세자금 대출의 이용의향과 인지도가 모두 높았다.

더불어 신혼부부들은 희망타운에 대한 필요성이 높고, 예비 신혼부부의 기대감이 더 높은 편인 것으로 나타났다. [16]

---

[16] 국토교통부, 「주택가격이 높고, 전체 신혼부부의 절반 이상을 차지하는 수도권 거주 신혼부부와 2년 이

자녀 있는 가정 큰 주택 선호

주택규모는 61~84㎡의 중규모 주택에 대한 선호가 높고, 유자녀 가구일수록 큰 주택에 대한 선호 높았다.

분양가격은 당연히 낮을수록 좋다고 응답했는데 대다수 응답자가 3억 원 이하의 분양가격을 선호한다고 밝혔다.

이 같은 조사결과는 신혼부부들을 위한 향후 주택정책 시행과 관련해 많은 것을 시사한다.

분석결과 신혼부부 경제 여건을 고려한 인센티브 구조와 생애주기를 고려한 수요 대응형 프로그램이 절실한 것으로 보인다.

먼저 결혼 경과연수에 따라 자녀수가 증가하지만 맞벌이가 급감하므로, 자녀 양육에 필요한 자금소요와 주거비용, 환경에 맞춘 프로그램이 필요하다.[17]

필자의 생각으로는 정부의 노력이 우리나라 모든 신혼부부들을 만족 시킬 수는 없다.

해서 요구와 정부의 노력이 불일치할 가능성은 상존한다.

이에 대응하는 하나의 방법이 유자녀 가구에 대한 인센티브 강화 이다.

출산 이전에 임신의 계획과 임신, 출산을 연계한 사전적 지원 프로그램을 보완하여 신혼부부들의 요구에 응해야 한다.

내 결혼 예정인 예비 신혼부부를 대상으로 설문조사」, 2017, http://www.molit.go.kr/USR/NEWS/m_71/dtl.jsp?id=95079122, 2022.08.24.
17 국토교통부, 『2016년도 일반가구 주거실태조사』, http://www.molit.go.kr/USR/NEWS/m_71/dtl.jsp?id=95079122, 2022.08.24.

　또한 대중교통 접근성을 고려한 신혼부부 주거지 조성과 주거지원 공약의 차질 없는 추진이 이뤄져야함은 물론이다.
　조사결과 신혼부부들이 살고 있거나 살기위한 거주지 선정 시 가장 중요한 요인은 대중교통 접근성과 직장 인접성이 우선 고려사항이기 때문이다.
　유자녀 가구는 자가 마련에 대한 열망이 높으므로 자녀수에 비례한 대출이자 할인문제도 구조적으로 강화해 나가야 한다.
　정부측이 연이어 발표하고 있는 신혼부부 임대주택 건설에 대한 중요성은 모두 공감하나 실현가능성을 상대적으로 낮게 인식되고 있으므로 차

질 없는 공약 추진이 무엇보다 중요하다.

신혼부부 주거지원 강화 방안

　신혼부부 주거지원 강화를 위한 정책 지원 방향 및 원칙은 신혼부부의 공공임대주택 입주 전부터 시작해서 거주 시, 퇴거 및 주거이동까지 고려한 단계별로 꼼꼼하게 추진 돼야한다.

　입주 전에는 대상자 선정의 시급성, 공정성, 입지 적정성을 따지는 원칙이, 거주 시에는 수요 대응형, 거주 편의성, 주거 안정성 증진 원칙이 이동 시에는 가구 확장과 주거소요 변화에 대응하는 주거상향이동, 주거사다리 지원, 형평성등의 원칙이 철저히 지켜져야 한다.

　첫번째로 입주 전 적정한 지원 대상자 선정과 공정한 배분을 위해서는 시급성, 공정성, 자녀양육 부담 완화를 위한 대상자 선정이 이뤄져야 한다.

　신혼부부는 부모와 금융기관의 자금 동원이 가능하거나 상대적으로 용이한 경우에 결혼을 하므로 주거여건이 상대적으로 양호한데, 결혼제도에 진입하지 못하는 저소득 커플, 부모 도움이 어려운 예비 신혼부부, 유자녀 신혼부부를 우선적 지원 대상으로 선정하여 공적 자원의 공정한 배분을 도모해야한다.

　동시에 소득과 자산을 고려하여 신규 주택 구입 시 부모 자산의 이전이 아닌 공적 자원 배분의 형평성을 증대시켜야한다.

　정부 당국은 우리사회의 취약한 곳, 그늘진 곳을 먼저 살피고 정책을 수행해 나가야하기 때문이다.

결혼 후 경과 시기보다는 유자녀 가구에 대한 지원으로 제도를 탄력적으로 운용해 나가야 한다.

이를 위해서는 출산에 따른 양육비용 부담 완화와 양육 여건 개선에 초점을 둔 정책 운용이 바람직하다.

따라서 결혼 후 경과연수 기준보다는 미성년 자녀수에 따른 가점을 대폭 확대하여 자녀 양육 가정에 대한 인센티브 확대해 나가야 한다.

혼인신고를 한 부부만을 대상으로 하는 제도 운용의 한계를 극복하여 유자녀에 초점을 둔 제도 운용으로 제도의 유연성 확대 또한 필요하다.

거주의 편의성도 신혼부부에게 중요

두 번째로는 거주 중 편의성을 높이는 신혼부부 주거정책도 중요하다.

이를 위해 신혼부부 거주자의 수요에 대응하는 편의시설 설치, 육아지원 강화가 필수적이다.

일본 도쿄 UR 임대주택 단지 사례를 보면 육아지원을 강화하기 위하여 보육 마마는 공인자격 돌봄이이 가정을 방문하여 2세 미만 영아를 개별 또는 그룹으로 보육하고 있다.

바람직한 해외 사례도 연구하고 도입하자.

신혼부부 생애주기 대응형 공동체 프로그램과 지역사회와 연계된 교육시설 복합화도 중요한 문제이다.

임신 계획 중 또는 임신 중인 신혼부부를 위한 건강 증진 프로그램 운영하자.

남성의 육아 참여 확대를 위한 아빠 모임터, 육아용품 공구나 나눠쓰기, 육아 고충 나눔터 등 생애주기 대응형 공동체 프로그램도 추가해야 한다.

초등학교 운동장을 공원으로 복합화하여 녹지, 공원과 교육시설이 어우러진 친환경 교육여건 확보도 놓치지 말아야할 정책의 요체다.

신혼부부 단지 내에는 다양한 세대 간 공존한다.

이를 고려하면 아이 돌봄 서비스와 일자리 창출이 가능하다.

오히려 아이 돌봄과 지역사회의 건강한 공동체 형성을 위해서는 신혼세대 집합보다 다양한 세대가 거주하는 주거단지 공급이 필요하다.

아이 돌봄, 저학년 초등생 등하교 지원, 횡단보도 안전통학로 지원, 방과 후 돌봄 등에서 경력단절 여성 및 어르신 등의 도움과 일자리 창출을 도모할 수 있기 때문이다.

지원책도 다자녀 기준에서 자녀수에 따른 할인 증가 방식으로 변환돼야 한다.

자녀 출산 시의 자녀 양육에 따른 비용 부담 가중을 완화하기 위한 이자비용 경감등에 적용돼야 한다.

주택구입자금도 지원도 자녀수에 따른 할인 폭을 대폭적으로 확대하는 등의 지원의 누증적 확대가 출산 장려를 위한 캠페인의 첫걸음이 아닐까.

지원의 누증적 확대는 주거면적 확대 이동에서도 적용돼야 한다.

포용성 있는 주거사다리 지원

1인 청년 → 2인 커플, 결혼 → 3인 유자녀 → 4인 가구로의 연계성 강화 및 지원 확대가 주거상향 이동 및 주거사다리 강화의 요체이다.

이를 효율적으로 달성하기 위해서는 청년기부터 신혼부부까지 지원정책의 연계성을 강화 하고 지원의 수준은 주거소요에 따른 주거면적 확대를 지원하되, 추가적 주거비용 부담이 없는 수준으로 추진한다는 것이다.

주거사다리 강화를 위한 의무저축과 축하 장려금은 주거지원을 받지 못한 신혼부부가 높은 금리를 이용해야 하는 경우 신혼부부 지원으로 이자비용이 경감되면, 혜택 받은 금액만큼 저축을 의무화하는 내용이다.

의무 저축한 금액은 거주기간 동안 유지하고 상향 이동하는 경우 축하 장려금을 지급하는 등 상향이동 지원도 이뤄진다.

주거사다리 강화를 위해서는 대상의 특수성을 강조하기보다 전체를 포괄하는 중장기적인 포용적 접근 방안 필요하다.

유엔 해비타트는 주택정책 고려사항 중 하나로 포용성을 강조하고 있는데 이는 장기적으로는 생애최초 주택구입 가구에 대한 지원과 신혼부부에 대한 할인 방식으로 운영하는 것이 필요하다는 것이다.

제도/비제도, 신혼/구혼/미혼을 뛰어넘는 포용성과 사회적 수용성 증진이 전제돼야 함은 물론이다.

공식적 결혼제도에 편입된 가구뿐 아니라 미성년 유자녀 가구에 대한 지원을 확대하고 결혼 후 경과연수에 따른 지원이 아닌 자녀 양육가구에 대한 지원으로 사회적 포용성을 확대해 나가야 한다.

가족형성 초기 가구, 미혼 유자녀 가구, 한부모 가구, 동거 유자녀 가구도 정책 대상에 포함시켜야 한다.

우리사회도 동네 중심, 일-가정 양립 중심 사회로의 인식 전환이 필요하다.

아파트 공급, 신규 공급 위주의 정책에서 우리 동네, 기존 주택단지 내 육아 지원 체계 정비로 확장도 서둘러야한다.

앞서 적시한 내용의 일부는 이미 시행되고 있고 수정 보완 확대 작업이 진행 중이다.

필자가 다시한번 이같은 내용을 강조하는 이유는 저출산 대책의 일환인 신혼부부 지원의 한계를 인식하고, 일-가정 양립 가능한 사회적 인식의 전환 속에 아이와 함께 하는 삶의 풍요로움과 보람을 체감할 수 있는 사회적 분위기가 형성되도록 우리 모두가 합심 노력해야 되기 때문이다.

II. 가정

[2] 출산 장려

한국은 서구 선진국과는 달리
양육비용 등 '자녀 요인'보다도
'사회, 직장 요인'이 출산율 하락에
더 큰 영향을 미치는 것으로 분석되었다.
즉, 전통적인 성역할 등 사회적 관습이
저 출산의 주요인이라고 할 수 있다.
여성에 편중되어 있는 자녀 양육과 가사노동
그리고 양성평등 퇴색 등이
결정적인 요인으로 작용하고 있는 것이다.

II. 가정

[2] 출산 장려

- 출산율 제고가 대한민국의 미래다 -

출산율이 국가 경쟁력으로 이어지는 시대에 살고 있다.

우리나라의 대표적인 인구 문제 중 하나는 사회 전반적으로 아이를 적게 낳아 출산율이 감소하는 저 출산 문제이다.

우리나라 합계출산율(통계청 인구동향조사, 2022년)의 추이를 살펴보면 1970년 4.53명, 1975년 3.43명, 1983년 2.06명, 1987년 1.53명, 2001년 1.31명, 2005년 1.09명, 2010년 1.23명, 2015년 1.24명, 2018년 0.98명 2019년 0.918명으로 지속적인 감소 추세가 나타났다.

여기서 우리가 주목해야 될 것은 2020년에는 0.837 2021년에는 0.810으로 지난 2018년 이후 1미만의 추이를 보이고 있다는 것이다.

인구 절벽이 시작됐다.[18]

출산율 하락, 인구절벽 시작

우리나라의 합계출산율은 1980년대에 인구 대체 가능 수준인 2.1명 아래로 떨어졌으며 1990년대 이후에도 출산율은 지속적으로 감소하여 현재는 지극히 낮은 수준을 나타내고 있는 것이다.

저출산 현상이 지속될 경우 장차 경제 활동 인구가 감소하게 되어 경제 성장이 둔화되고, 고령화에 따른 노년층의 부양 부담이 상승하게 되는 등의 문제가 발생하게 된다.

이에 정부와 지방자체단체에서는 저출산 문제를 해결하기 위해 출산 장려 정책을 추진하고 있다.

출산 장려 정책이란, 단어 그대로 출산을 장려하기 위해 행해지는 정책 및 제반 활동을 말한다.

이와 관련하여 우리나라는 2005년 「저출산,고령사회 기본법」을 제정하였고, 같은 해에 대통령 직속의 저출산고령사회위원회를 발족하여 다양한 출산 장려 대책을 마련하여 시행하고 있다. 대표적인 출산 장려 정책에는 육아 휴직, 출산 휴가, 육아를 위한 근로시간 단축, 아동에 대한 의료비 지원, 아동 수당 지원, 고위험 임산부 지원, 난임 부부 시술비 지원 등이 있다.

---

18 합계 출산율 (TFR, Total Fertility Rate) : 여성 1명이 평생동안 낳을 것으로 예상되는 평균 출생아 수를 나타낸 지표로서 연령별 출산율(ASFR)의 총합이며, 출산력 수준을 나타내는 대표적 지표임

최근의 저출산 정책은 모든 세대의 사람들이 자연스럽게 아이 낳기를 선택하도록 유도하는 방향으로 전환되고 있다.[19]

정부의 제4기 인구정책 TF 구성

상황이 이러하자 2022년 2월, 정부의 제4기 인구정책 TF는 출산율의 하락폭과 속도가 예상보다 심각하다는 점을 고려해 '초저출산 대응' 분야를 포함해 4대 분야를 논의과제로 삼고, 인구변화 충격현실화 가능 시점에 따른 시급성을 고려해 대응시기를 3단계로 구분해 맞춤형 전략을 수립하기로 했다.

3단계는 5년 내 대응이 시급한 단기, 10년 내 가시적 성과가 필요한 중기, 10년 후 충격이 가시화되는 장기 등 이다.

기획재정부는 2022년 2월 제54차 비상경제 중앙대책본부회의에서 '제4기 인구정책 TF 주요 분야 및 논의 방향'을 발표했다.

지난해 장래인구추계 결과, 코로나19 충격 등으로 인구구조 변화의 폭과 속도가 커질 전망이다.

총인구 감소 시점이 2029년에서 2021년으로 기존 전망보다 8년 단축됐고, 합계출산율은 최저점이 지난해 0.86명에서 2024년 0.70명으로 조정됐다.

생산연령인구는 향후 5년 동안 177만 명이 감소하고, 학령인구는 초등, 대학을 시작으로 향후 20년간 40% 이상 줄어들 전망이다.

---

19 [네이버 지식백과] 출산 장려 정책 [出産獎勵政策] (두산백과 두피디아, 두산백과) 2022

 또, 병역자원은 저 출산 기조 장기화로 향후 5년간 30.8% 급감하고, 소멸고위험지역이 지난해 108개 시군구(47%)에 육박했으며, 베이비붐 세대가 고령층에 편입돼 2025년에는 초 고령사회에 진입할 것으로 보인다.

 이에 4기 인구 TF에서는 ▲생산연령인구 확충 ▲축소사회 적응력 강화 ▲고령사회 대비 ▲초저출산 대응을 포함한 4대 분야를 중심으로 인구구조 변화에 집중 대응해 나갈 계획이다.[20]

---

20 2022.02.10 기획재정부 [출처] 대한민국 정책브리핑(www.korea.kr)

생산연령 인구 확충

여성의 경제활동 참여를 높이기 위해 코로나19로 인한 경력단절여성의 조기복귀 지원과 여성이 결혼,출산으로 인한 불이익 없이 경쟁할 수 있는 노동시장 여건 및 근로환경 개선, 돌봄,육아부담을 근본적,획기적으로 완화하기 위한 방안을 모색한다.

외국인력 활용을 강화하기 위해 코로나19 상황에 따른 단기적 외국인력 부족 대응과 향후 변화하는 외국인력 수요 등에 대응하기 위한 중장기 인력수급 파악체계 및 외국인력 활용체계 구축, 신산업 우수 외국인력 발굴 및 유치, 국내 체류 외국인 증가에 따른 사회통합,정착 지원 방안을 논의한다.

또한, 고령자 고용 활성화를 위해 고령자 계속고용제도 도입을 위한 사회적 논의 추진 및 고용,임금체계 유연화 등 제도개선을 통한 사전 준비와 고령자 연령계층별 차별화된 고용활성화 지원, 고령자 고용지원을 위한 직업훈련 개선, 취업정보 확대 등 고령자 고용 관련 인프라 확충 방안을 마련할 계획이다.

이와 함께, 생산연령인구 감소의 질적 보완을 위해 교육,훈련과 취업 간 연계 집중 지원, 인재 미스매치 해소 등을 통한 신기술분야 청년 인재 양성과 개인-대학-기업-훈련기관 각각에 대한 인센티브를 강화해 전 국민의 평생학습 및 직업훈련 사회 구현, 공정한 노동전환 지원 등 생산적 노동시장 구현 방안을 논의하기로 했다.

축소사회 적응력 강화

학령인구 감소 대응을 위해 초등은 학령인구 급감에 따른 재원,시설,인력의 전반적 효율화 및 공교육 역할,기능 강화 방안, 중고등은 소모적인 경쟁 대신 개개인의 역량을 길러줄 수 있는 고교학점제 내실화 등 방안, 대학은 인센티브 부여를 통한 대학의 적정 규모화 촉진과 정원의 합리적 조정 등 대학 자생력 강화 방안을 논의한다.

아울러 학령인구 감소, 적정 교부금 수요, 교육부문간 재원배분 등을 종합 고려한 교부금 제도 개선 방안도 마련해 나간다.

또한, 병역자원 감소 대응으로 중간계급 간부 중심의 병역구조 정예화 방안과 군 인력 충원체계 개편을 통한 중장기 병역자원 확보 안, 드론봇 등 첨단과학기술을 중심으로 한 전력구조 개편안, 유사시 전력을 극대화할 수 있도록 예비전력 내실화 방안도 모색한다.

이와 함께, 지역소멸 대응을 위해 초 광역권의 성장을 위한 거점도시 활성화 방안과 소멸위험지역 지원, 삶의 질 개선을 위한 생활 인프라 조성, 도시-지역 간 매칭,협력 등 지역 자립역량 강화 방안, 초 광역 협력 활성화를 통한 다극체제 전환 등 중장기 대응전략을 논의하기로 했다.

고령사회 대비

재정 지속가능성 강화를 위해 중장기 재정운용계획 수립 때 저 출산,고령화 등 인구구조 변화를 반영하고, 국민연금 지속가능성을 높이기 위해 기금 수익률을 높이며, 동시에 다층적 노후소득보장 강화 방안과 연계하는 한편, 건강보험의 불필요한 지출요인을 관리하고 질병예방 등을 통해 의료수요를 사전적으로 억제하는 방안을 논의하기로 했다.

또한, 고령층 의료,요양,돌봄 서비스 확충을 위해 서비스가 필요도에 따라 연속적,통합적 제공될 수 있는 연계망 강화 방안과 AI,IT 등 신기술을 통한 의료,요양,돌봄서비스 공급능력 혁신 방안, 의료,요양,돌봄 인력에 대한 처우개선 및 확충 방안, 중앙-지자체와의 연계협력을 통한 서비스 전달체계 구축 및 지역의 적정 서비스 규모 유지 방안을 찾는다.

노후소득보장 강화를 위해 퇴직연금,개인연금 역할을 확대해 노후소득보장에 충분치 않은 공적연금을 보완하는 등 다층적 노후소득보장 체계 강화 방안과 '포괄적 연금통계(공,사적 연금에 대한 종합통계)' 개발 추진 등 노령층의 은퇴 후 소득 종합적 파악 방안을 모색한다.

아울러, 고령층 친화 제도,인프라 개선을 위해 초 고령화 시대 대비 주거, 교통,사회참여,문화 분야 등 노인복지정책에 대한 다층적,장기적 방향을 검토하고 베이비붐 세대의 고령층 진입에 따라 성장할 고령친화 제품,서비스시장 수요 발굴 및 체계적 육성 지원 방안을 논의한다.

저 출산 대응

결혼,출산을 고민 중인 청년층에 대한 인센티브의 강력 보완 방안과 부부 육아휴직 활성화, 육아,돌봄 지원 확대 강화 등을 통한 영아기 집중투자 보완 방안을 마련해 나가기로 했다.

또한, 중앙정부-지자체간 협업을 통해 보다 재정효율적인 방식으로 결혼, 출산 지원 혜택을 재정비,강화하고, 중장기적으로 일자리, 주거, 교육, 근로환경 등 구조적 이슈 대응 및 다양한 가족형태에 대한 수용성을 높이는 방안을 논의한다.

정부는 이러한 정책적 노력을 통해 저출산, 인구절벽에 대응하는 가능한 모든 노력을 다할 방침이다.

우리나라의 저 출산, 인구절벽의 현황과 미래 그리고 우리의 다각적인 노력을 구체적으로 살펴보자.

과거 문재인 정부는 출산율 높이기를 목표로 한 게 아니라 아이와 아이를 키우는 부모의 삶의 질을 개선하는 데 중점을 두었다.

2018년 7월 발표한 저 출산 대책의 목표는 아이를 낳고 키우는 2040세대의 출산과 돌봄 부담을 대폭 줄이는 데 맞춰졌다.

저 출산 정책 로드맵 마련

2018년 12월 발표한 '저 출산,고령사회 정책 로드맵' 역시 아이를 키우는 비용을 줄이고, 시간은 늘리고, 돌봄을 확대하는 더 나은 삶을 보장하는 데 있다. [21]

저 출산 정책 로드맵'은 이미 진행된 '제3차 저 출산 기본계획(2016~2020)'을 재구조화한 것이다.

---

21 아이 낳고 키우는 2040세대 부담은 낮추고 삶의 질은 높인다 (2018.07.05. / 저출산고령사회위훤회·관계부처합동)

함께 돌보고 함께 일하는 사회를 만들기 위해 출산,양육비 부담을 최소화하고 아이와 함께 하는 시간을 최대화하는, 촘촘하고 안전한 돌봄 체계 구축에 초점을 맞추고 있다.

모든 출생 존중과 포용적 가족문화를 조성하고 2040세대의 안정적인 삶의 기반을 조성하기 위한 정책이다.

먼저 핵심과제를 보자

① 출생부터 아동의 건강한 성장 지원이다.

이를 위해 고용보험 미적용자 출산지원금 지급한다.(90일간 월 50만원 지원)

임산부 의료비 경감을 위해서는 고 위험 산모의 비급여 입원진료비 지원 질환을 확대해나간다.(5개 → 11개)

만1세 미만 아동 의료비 사실상 제로화 시켜 나가기로 했다.

외래 진료 건강보험 본인부담 경감한다.(21%~42%→ 5%~20%)

국민행복카드 지원금 10만원 인상하고(50만원 → 60만원/ 다태아 90만원 → 100만원) 사용기간도 확대(신청 일부터 분만예정일 후 60일 → 1년까지)한다.

아이 돌봄 서비스 지원대상 확대하는데 중위소득 150% 이하 가구에 최대 90%를 지원하게 되는데 3인 가구 기준 월 442만원→월553만원이 된다.

공동육아 나눔터를 160개 시군구로 확대하는 한편 아이돌보미도 2.3만 명 → 4.3만 명까지 늘려나갈 방침을 세웠다.

산모,신생아 건강관리 서비스 지원 대상도 기준 중위소득 80% → ('19

년도) 100%로 확대하고 초등 돌봄 사각지대를 축소하는 반면 공보육을 40%까지 확충한다.

② 아이와 함께 하는 일,생활 균형을 위해서는 임금 삭감 없이 육아기 근로시간 1일 1시간 단축한다.

이와 함께 육아휴직은 최대 2년 사용할 수 있으며 이 기간 중 임금은 100% 지원토록 한다.(1일 1시간, 상한 200만원)

아빠 육아휴직 보너스제 급여의 상한액도 200만원 → 250만원으로 인상 한다. 배우자 유급출산휴가는 유급휴가 10일로 중소기업 5일분은 정부가 지원 한다.

육아휴직은 부모가 동반사용토록 추진하며 일,생활 균형 중소기업(워라밸 중소기업)의 확산을 유도한다.

이를위해 육아휴직 대체인력에 대한 중소기업 지원금액 2배 인상과 근로시간 단축으로 인한 지원금을 월 30만원으로 인상한다.

③ 모든 아동과 가족에 대한 차별 없는 지원을 위해서는 한부모 양육비 지원액을 17만원으로 확대하며(청소년 한부모 지원액 25만원), 지원폭을 넓히기 위해 자녀 연령도 18세 미만으로 확대한다.

비혼 출산,양육에 대한 제도적 차별을 정비하고 인식 개선을 위해 원스톱 상담도 병행 지원한다.

④ 평등한 출발을 지원하는 신혼부부 주거를 위해서는 임차가구 주거비 경감을 추진하는 한편 내집 마련 기회 확대에도 힘쓰기로 했다.

⑤ 제대로 쓰는 재정과 효율적 행정 지원체계 확립을 위해서 재정 분야의 경우 고용보험기금 국고 지원을 확대하고 효율적 행정지원체계 구축을

위해서 지방노동관서 내에 일-생활 균형 전담 인력을 늘려나가는 한편 통합정보 제공 플랫폼도 구축하게 된다.[22]

제3차 저출산,고령사회 기본계획('16~'20)을 핵심과제 위주로 재정비하고 위원회에서 집중 추진할 과제를 제시했다.(저출산 분야 역량집중과제 총18개로 재정비)

이 로드맵은 3차 기본계획의 시기('16~'20)에 국한되지 않고, 인구구조 변화에 대비한 사회시스템 개편 등 4차 기본계획('21~'25)과 연계되는 중장기 핵심과제까지 포함했다.

저 출산 정책 패러다임 전환

1) 저 출산 기본계획 재구조화 주요내용은 기존 기본계획 과제를 역량집중 과제와 부처자율 과제로 재분류 했다.

역량집중 과제는 패러다임 전환 방향과 부합되는 비전-정책목표 달성에 필수적인 과제와 주요 국정과제 및 현안과 관련성 높은 과제이다.

정부는 이에따라 저출산 분야 18개 과제(예산 106,139억 원)에 모든 역량을 집중하게 된다.

2) 역량집중과제 주요내용을 관련 항목 별로 살펴보자.

① (비용↓,시간↑,돌봄↑) 아이 키우기에 행복한 사회를 만들기 위해 출산, 양육비 부담을 최소화하는데 노력하게 된다.

---

22 아동, 2040 세대, 은퇴세대의 더 나은 삶 보장에 역량 집중 (2018.12.07. / 저출산고령사회위훤회

　의료비는 사실상 제로화 하게 되는대 1단계로는 1세 미만이 적용되고 2단계는 조산아,미숙아,중증아동/초등 입학 전까지 아동을 대상으로한 경감방안을 마련한다.

　건강보험 보장성 강화를 위해 지자체 예산을 활용하는 방안도 연계해서 검토한다.

　수요를 감안, 산모,신생아 건강관리서비스 대상도 확대 검토 한다.('18. 22%→ ' 20. 33%→ 2단계. 확대검토)

　아동수당은 1단계 100% 지원하고, 수당 확대를 위해서는 2단계 사회적 논의를 추진한다.

아동양육에 대한 각종 지원사업은 지원범위 내에서 검토한다.

기타지원으로는 출산휴가급여 사각지대를 해소한다.(5만명, 90일 간 월 50만원, '19~)

난임시술 지원과(건강보험 본인부담 완화, 대상 확대, 2단계) 다자녀 지원(3자녀 이상→2자녀부터 지원방안 마련, 2단계)도 이뤄지며 교육비 경감, 기초생활수급가구 교육급여 대폭 인상('19) 등을 통해 교육기회 보장도 강화한다.

아이와 함께 하는 시간 최대한 늘리기 위해 1단계로 제도개선을 위해 육아휴직 급여 상향, 육아기 근로시간 단축 기간 확대(최대 1년→ 2년), 배우자 출산휴가 확대(유급 3일→10일), 일-생활 균형 우수 중소기업 육성 앞서 서술한 내용 지원을 강화한다.

특히 일,생활 균형 우수기업 인센티브 지원 및 근로 감독 강화를 위해 인식개선을 위한 캠페인 집중적으로 추진한다.

2단계: 제도 확산 및 일,생활 균형 정착을 위해서는 남성 육아참여 확대 추진, 육아휴직을 남녀 모두 당연히 쓸 수 있는 구조로 사회에 정착시킨다.

육아휴직 시 초기 급여 집중 지원 등 육아휴직제도 개편, 소득대체율 상향과 연계하여 촘촘하고 질 높은 돌봄체계 구축한다는 것이다.

영유아의 보육 공공성 강화와 보육의 질을 높이기 위해 공보육 이용아동 40% 수준을 조기 달성하고('22→ '21), 직장어린이집 설치의무 사업장을 확대해나갈 방침이다.

더불어 보육교사 근로환경 개선, 자격체계 개편, 종일보육 내실화 (2단

계)도 기해나가는데 초등돌봄, 다함께 돌봄 등 20만 명 추가 돌보게 된다.(~ '22)

아이돌보미 및 이용가구를 2배 확충하고, 민간돌봄 포함한 국가자격제를 도입하며(2단계) 출산장려금 등 비용지원 위주에서 지역 맞춤 돌봄서비스를 중심으로 지원해 나갈 예정이다.

또한 ② 문화 적으로 혼인, 출산 여부와 관계없이 모두 당당할 수 있는 사회를 유도하며 ③ 청년, 여성, 아동의 행복한 삶이 보장되는 나라를 만들어 간다.

이를위해 청년 채용 기업 인센티브 제공 등 청년 일자리 대책의 ('18.3) 차질없는 이행과 동시에 중소,중견기업 근로자 육아휴직 후 복귀시 인건비 세액공제 신설(1단계)남녀 임금현황 제출 의무화 기업 확대, 고용평등 인프라 강화를 추진한다.(2단계)

공교육 강화를 위해서는 초등학생의 활동중심수업 확대(1단계)→ 양질의 공교육을 위한 초등교육 혁신, 아이,부모 모두 행복한 교육환경을 확립하게 된다.(2단계)[23]

외환위기 이후 저 출산 원인분석

그러면 외환위기 이후 저출산 원인을 분석해보자.

한국은 OECD 국가뿐만 아니라 전 세계를 통틀어 출산율이 가장 낮은

---

[23] 저출산 정책 로드맵 / 제3차 저출산 기본계획(2016~2020) 재구조화. 저출산·고령사회 정책 로드맵, '18.12

10개국 중 하나이다. 저출산이 지속되면 장기적으로는 노동공급이 감소하여 성장 잠재력이 약화될 수 있다.

또한 연금적자 확대로 국가 재정이 악화되고, 젊은 세대의 부담이 가중되는 등 사회 전체에 부작용을 초래할 것으로 예상된다.

따라서 정확한 원인 진단에 근거해 대책을 강구하는 것이 필요하다.

저출산의 원인은 크게 4가지로 분류할 수 있다. 우선 미래소득 불안정성 증가 등 소득 요인을 꼽을 수 있으며, 둘째로는 자녀의 편익 감소와 양육비용 증가 등 자녀 요인, 셋째로는 라이프스타일의 변화에 따른 가치관 요인, 넷째로는 여성의 경제적 역할 증대, 양성 불평등, 육아와 직장의 양립 어려움 등 사회,직장 요인을 들 수 있다.

1990년 이후 한국 저출산 요인을 회귀분석을 통해 추정한 결과, '사회,직장 요인 > 자녀 요인 > 소득 요인 > 가치관 요인' 순으로 저출산에 영향을 준 것으로 나타났다.

특히 '자녀 요인' 보다 '사회,직장 요인' 이 출산율 저하에 더 크게 영향을 미치는 것으로 분석되었다.

저출산 시대에 대처하기 위해서는 '출산율 제고' 와 '저출산 적응 정책' 을 병행할 필요가 있다. 세계 최저 출산율 기록이라는 극단적인 상황에서 벗어나기 위해서는 우선적으로 주요 원인이자 개선에 대한 실행가능성이 높은 '사회,직장 요인' 에 정부 대책의 초점을 맞추어야 한다.

근무시간과 근무장소를 탄력적으로 운영하는 등 친가족 근로형태를 적극적으로 도입해야 하는 이유가 여기에 있다.

그리고 중장기적으로는 평생 직업을 가질 수 있도록 사회 인프라를 구축하여, 외환위기 이후 악화돼 온 '소득 요인'의 개선에 주력해야 한다.

'자녀 요인'에 중점을 둔 지원 방안은 보조적 정책수단으로 활용하는 것이 바람직하다.

한편 아무리 출산율 제고를 위해 노력한다 하더라도 출산율을 인구대체율인 2.1 수준으로 끌어올리는 것은 거의 불가능하다.

따라서 저출산을 시대적 흐름으로 수용하고, 이에 적응하기 위한 정책을 추진해야 한다.

대학을 중심으로 한 고등교육의 개선 등을 통하여 인적 자원의 경쟁력을 향상하고, 잠재 노동력인 여성과 고령자를 적극 활용하는 등 인적 자원의 수준을 質的 量的으로 제고해야 한다.[24]

한국의 출산율 세계 최저 수준

지난 2004년 한국의 합계출산율, 즉 한 여성이 가임기간(15~49세) 동안 낳는 평균 자녀 수는 1.16으로 세계 최저 수준을 기록하였다.

그 이후 현재까지도 이같은 현상은 지속되고 있다.

이는 한 사회가 현재의 인구구조를 유지하기 위해 필요한 인구대체율 2.1에 크게 미치지 못하며, OECD 국가 평균 출산율인 1.6보다도 훨씬 낮은 수준이다.

저출산 추세가 이대로 지속될 경우 수준인 GDP 잠재성장률이 2030년에는 2.3% 수준으로 낮아질 전망이다.

저출산의 원인은 앞서 적시한대로 소득 요인, 자녀 요인, 가치관 요인, 그리고 사회,직장 요인 등 경제,사회,문화적 특성을 모두 반영한다.

먼저 소득 요인을 살펴보자.

외환위기 이후 평생직장 개념이 붕괴되고, 비정규직 고용 비중의 상승 등으로 고용불안정성이 증가하였다.

고용불안은 최근까지 지속되고 있다.

청년실업 및 중장년층의 명예퇴직이 증가함에 따라 미래소득에 대한 불안감도 가중되고 있다. 이러한 노동시장의 불안전성, 교육과정 이수와 노

---
[24] 2005년. 삼성글로벌리서치 최숙희 수석연구원 보고서. 외환위기.이후 저출산 원인분석

동시장에 정착할 때까지 가족구성을 연기하는 여성들의 욕구로 결혼기피 현상은 시간이 흐를수록 더욱 심화되고 있다.

자녀 요인을 분석해보면 교육비 증가 및 편익의 감소가 주요인으로 작용하고 있다.

도시근로자가구의 월평균 소비지출 중에서 교육비가 차지하는 비중은 우리가 알고 있는바와 같이 시간이 흐를수록 지속 증가해 왔다.

반면, 노후에도 자녀에게 기대지 않고 스스로 생계를 해결하거나 노후를 준비해야 하는 추세에 따라 자녀에 대한 노후보장 기대감은 감소하고 있다.

가치관 요인도 저출산에 한 몫하고 있다.

사회,직장 요인, 출산율 저하에 영향

개인 라이프스타일을 중시 개인의 자아실현과 삶의 질을 중시하는 경향이 확대됨에 따라 자녀에 대한 선호가 감소하고 남아선호사상도 퇴조하고 있다.

출산율에 영향력이 높은 20대의 미혼율이 크게 증가하는 추세이며, 남성과 여성의 초혼연령이 꾸준히 높아지고 있다.

교육기간이 길어지고, 결혼보다 직장생활에 우선순위를 두는 비율이 늘어났기 때문이다.

또한 자유로운 개인생활을 중시하고 자아를 실현 하고자 하는 독신자 비중도 꾸준히 증가하고 있다.

사회,직장 요인으로는 여성의 경제적 위상이 향상되고 있다는 점이다.

남녀 임금격차 감소 등 양성 차별이 줄어들면서 여권 신장과 함께 여성의 경제활동참여가 증가하는 추세이다.

이에 따라 보육시설도 꾸준히 늘어나고 있다.

그러나 실제적으로는 직장, 양육, 가사 등의 병행이 여전히 어려운 상황에서 기혼 직장 여성들은 직장과 가사 중 하나를 선택하도록 강요받고 있다.

이는 미혼 직장 여성의 결혼 연령이 높아지는 원인으로 작용하고 있다.

자녀 양육은 대부분 부모가 직접 담당하며 보육시설 이용 비율은 저조하다.

20대 어머니의 70%에서 80% 정도가 직접 자녀를 양육하는 것으로 나타났으며, 이는 직장에 다니기 위해서 출산을 포기해야 함을 간접적으로 시사한다.

전통적인 성역할 등 사회적 관습이 저출산의 주요인이라고 할 수 있다.

여성에게 편중되어 있는 자녀양육과 가사노동, 남녀의 성역할 분리 퇴색 등이 결정적인 요인으로 작용하고 있는 것이다.

실증분석 결과 교육비, 주거비, 주택구입 기간 등 '자녀 요인' 보다도 '사회,직장 요인' 이 한국의 출산율 하락에 더 큰 영향을 미치는 것으로 나타났다.

남성임금 대비 여성임금의 비율과 남녀 평균 교육연수 등 사회,직장 요인을 반영하는 변수들이 출산율에 큰 영향을 미치는 것으로 분석되었다.

소득 요인도 출산율에 영향

  2000년대 초반에 발생한 출산율의 급격한 하락은 외환위기 이후의 경제적 불안정성 증가를 국민들이 몸소 체감하면서 나타난 현상이라고 분석된다.

  과거 고도성장기에 형성된 평생직장의 개념이 퇴색하면서 가계의 소득 불안정성이 높아지고 미래에 대한 불안이 고조되었기 때문이다.

  현 상황에서 출산율을 인구대체율인 2.1 수준으로 끌어올리는 것은 거의 불가능하다고 판단될 만큼 힘든 과제이다.

전방위적인 출산장려 정책을 펼쳐 비교적 성공을 거둔 프랑스, 노르웨이, 덴마크 등도 1.7에서 1.8 수준에 머무르고 있기 때문이다.

한국은 OECD 평균인 1.6을 목표로 출산율 제고 정책을 추진해 왔지만, 출산율은 지속하락하고 있다.

게다가 효과적으로 정책을 구사할 수 있는 여지도 크지 않다.

따라서 향후 출산장려정책은 사회,직장 요인 개선에 초점을 맞출 필요가 있다.

자녀 양육 및 교육 비용 등 '자녀 요인'의 개선에 치중할 경우 출산율 제고 노력은 한계에 봉착할 우려가 있다.

일본의 경우에도 여성의 열악한 경제적 지위 등 '사회,직장 요인'의 개선이 미흡하여 그동안의 출산장려책이 실패하고 말았다.

현재 정부의 출산장려정책은 영유아 보육비 보조 등 지나치게 '자녀 요인' 개선에 치중하고 있다.

그러나 자녀 양육 및 교육비용 지원정책은 재정지출 대비 효과가 미미할 것으로 우려된다.

따라서 향후의 정책 방향은 자녀비용 지원을 보조적 정책수단으로 활용하는 것이 바람직하다.

동시에 인구 감소에도 불구하고 활력을 유지할 수 있도록 경제 체질을 바꾸는 '저출산 적응 정책'을 추진해야 한다.

세계 최저 수준의 출산율은 제고되어야 하지만, 이와 함께 저출산에 적응하기 위한 대책을 병행하는 것이 요구된다.

여성, 고령자 등을 활용한 노동 공급의 量的 확대와 인당 부가가치를 높일 수 있는 노동력의 質的 수준 제고가 필요하다.

저 출산, 장기간 지속될 가능성

저 출산은 우리 사회가 겪고 있는 사회 경제적 변화를 반영하는 트렌드로서 장기간 지속될 가능성이 아주 높다.

1984년의 출산율이 1.76으로 이미 선진국 수준으로 낮아졌으나 정부는 과거의 출산억제책을 유지하여 왔다.

1970년대 이후 지속된 산아제한정책 기조가 1996년까지 지속되었다.

정부는 1996년 신인구정책을 수립하면서 인구 억제 정책을 폐지하게 되었다.

미래에 대비한 인구정책 마련을 상대적으로 등한시해 온 된 것이다.

지난 2002년 출산율이 1.17로 떨어지면서 정부, 언론 및 일반인의 관심을 받게 되었고, 정부는 2002년부터 출산장려를 위한 제도적 기반 조성에 나섰다.

저 출산 원인에 대한 정확한 진단에 근거한 처방이 중요하다.

저 출산의 근본 원인에 대한 정확한 진단에 기초하는 않을 경우 정책의 실효성은 별로 없이 재정 부담만 가중시키기 때문이다.

일본은 1980년대 후반부터 보조금 지급, 보육 시설 확대 등 다양한 대책을 시행하였으나, 적절한 원인분석과 정책의 집중력 부재로 출산율 제고에 실패하였다.

저출산 설명이론인 고전적인 합리적 선택 모형rational choice model

에서는 주어진 예산제약과 개인선호 하에서 출산과 결혼은 자녀의 경제적 비용과 편익에 의존하는 것으로 가정한다.

따라서 경제발전 정도와 출산율은 반비례하는 것으로 분석되고 있다 Becker, 1981).

선진국에서의 저 출산 추세는 자녀에 대한 비용이 다른 재화 비해 상대적으로 비싸지고(자녀를 가지는 편익보다 비용이 더 크기 때문), 가계소득이 낮아지거나 자녀에 대한 개인선호의 변화 등으로 설명하고 있다.

따라서 공공지원에 의한 자녀를 키우는 비용의 경감과 이전지출을 통한 가임기 여성소득의 증가는 자녀에 대한 수요를 증가시킬 수 있다고 주장한다.

그러나 최근에는 합리적 선택모형보다는 문화 및 제도적 제약에 중점을 두는 연구가 많다.

위험 기피이론(risk aversion theory)에는 자녀를 가질 지를 고려하는 개인의 위험기피(risk aversion)정도, 확실하게 알 수 없는 자녀에 대한 미래 비용과 편익 등이 해당된다.

미래의 경제, 사회, 개인조건에 대한 불확실성이 증가하면 위험을 회피하기 위해 안전한 쪽을 택하게 마련이다. 그 결과 출산율이 하락하게 된다.

그 밖에 선진국에서 나타난 자아실현, 개인만족의 선호, 전통적인 가치로부터의 자유 등 후기물질주의 가치이론 post-materialist values theory의 출현과 성역할의 변화(양성평등이론; gender equity theory 등을 들 수 있다.

세계 각국의 저 출산 결정요인

　세계 각국의 저출산 결정요인들을 보면 먼저 각국의 경제,사회,문화적 특성에 따라 저출산의 주요 요인에 차이를 보인다.
　동독과 폴란드와 같은 체제전환국의 경우 미래 불안정성 증가에 따른 소득 요인이 저출산을 유발하였다.
　이는 자유시장경제 체제로의 이행과정에서의 사회,경제적 불안정성이 증가했기 때문이다.
　반면 스페인은 보육기능을 수행하던 대가족제도가 붕괴되었으나, 이를 대체할 수 있는 제도 미비 등 사회,직장 요인 때문에 출산율이 하락하였다.

스페인의 가족 및 아동 관련 정부의 지출은 GDP 대비 2.1%에 불과하여 EU국가 중 가장 낮은 수준을 보이고 있다.

일본이 오랜 정책 실패 끝에 내린 결론은 육아 책임을 여성에만 돌리는 보수적인 가치관이 '少子化'의 가장 큰 원인이라는 것이다.

동독은 1976년의 출산장려정책의 결과로 서독에 비해 높은 출산율을 유지하였다.

1980년 동독과 서독의 출산율은 각각 1.9와 1.4로 나타났고, 1980년대 동안 동독은 서독에 비해 0.4~0.5가 높은 출산율을 유지하였다.

그러나 냉전 시대에 비해 통독(1989년)후 동독의 출산율은 급격한 변화를 가져왔다.

특히 1990~1991년의 1년간 동독지역 여성 1명당 출산자녀수가 1.5에서 0.9로 40% 급락하였다.

통독후 1년간의 급격한 출산율 감소는 젊은 여성의 첫째 자녀수 감소와 중장년 여성의 둘째 및 셋째 자녀수 감소에 기인한다.

동기간 중 서독의 출산율은 변동이 없었다(Grant외 2004).

냉전 시대 이후 출산율 변화

2002년 현재의 출산율은 1.31이고 첫째 자녀를 출산하는 여성의 평균연령은 28.0세이다.

통독 이전의 동독은 전통적인 사회주의 국가로서 노동력 유지를 위해 출산장려정책을 시행하였고, 다자녀 가구와 여성의 경제활동 참여를 독려하였다.

1976년 이전에는 낙태, 피임 등에 대한 엄격한 통제를 가하지 않아 출산율이 지속적으로 하락하였으나, 1976년에 대대적인 출산장려정책을 도입하였다.

출산휴가의 확대, 2명 이상 자녀를 둔 직장여성을 위한 유 임금 휴가, 신혼부부를 위한 무이자의 주택대출제공, 출산수당, 자녀 1명당 가족수당, 1~3세 자녀를 둔 여성의 근로시간단축, 편모를 위한 특별배려 등 경제적 인센티브가 강한 출산장려정책을 시행하였다.

경제적으로 동기를 부여하는 출산장려 정책은 다른 동유럽의 낙태금지 등의 출산장려정책에 비해 가장 지속적인 효과를 거둔 것으로 분석되었다.

나치즘 등의 국가사회주의(National Socialism) 쇠퇴 이후 인구정책에 대한 반감과 분권주의의 발달 등으로 서독은 출산장려 정책에 적극성을 띠지 않았고, 출산관련 프로그램에 대한 인센티브는 시민자유에 대한 침해로 해석되기도 하였다.

대신 양성평등정책이 가족정책의 중요한 동기부여가 되었으며 1980년대 후반에는 가정과 직장 내에서의 양성평등이 천명되었다.

통독이후 어느 연방정부도 출산정책에 대한 의사를 발표하지 않았다.

현재의 가족관련 정책의 특징은 결혼에 의한 가족개념이 강하고, 맞벌이보다는 단독소득 가구가 세제에 유리하며, 3~5세 아동에 대해서는 공공보육시설의 적용범위가 좋은 편이지만 일하는 엄마를 가진 아동에 대해서는 취약한 편인 것으로 조사되었다(Grant외 2004).

통독이후 동독지역에서의 출산율 감소는 미래 소득 불안정성 증가에 따른 소득 요인에 기인하는 것으로 분석되고 있다.

개인의 경제상황에 우려가 많은 여성일수록 출산을 기피하는 것으로 나타났다.

특히 첫째 자녀의 경우, 개인의 경제상황에 대한 우려는 강하게 부정적인 영향을 미치는 것으로 조사되었다(Witte & Wagner, 1995).

자녀를 적게 가지는 서 유럽 문화 전파

폴란드는 1989년 이후(동유럽의 공산국가 몰락 이후), 출산율이 급격히 하락하고 있다.

2002년 현재의 출산율은 1.24이며 첫째 자녀를 출산하는 여성의 평균연령은 24.5세이다. 1970년대 초반의 출산율인 2.2은 1990년 초반까지 지속되어 왔으며, 그 이후 완만히 하락하고 있다.

평균적으로 동유럽에서 출산율이 2.1 이하로 하락하는 시점은 1970년이었지만, 폴란드는 1989년(자유시장 경제로의 전환기)에 이르러서야 출산율이 2.1에 도달하였다.

그리고 출산율의 하락은 전 연령층의 여성에서 나타나고 있으나, 특히 20~24세와 25~29세에서 뚜렷하게 나타났다.

1990년대 전반 이후 첫째 자녀를 출산하는 여성의 평균연령이 가파르게 상승하고 있다.

첫째 자녀를 출산하는 연령의 상승은 출산율 하락에 지대한 영향을 미치고 있다.

특히, 1990년대 후반 폴란드의 출산율 급락은 첫째 자녀를 출산하는 여성의 평균연령 상승에 의해 설명되고 있다(Philipov & Kohler, 1999).

자유시장 경제 체제로의 전환기인 1989년 이후, 폴란드는 실업률 증가, 빈곤 악화, 주택부족, 가족센터와 보육 학교시설 등 서비스의 사유화 등 많은 사회 경제적 변화를 경험하였다.

1990년의 실업률은 1% 미만이었으나 1992년에는 12%로 증가하였다. 2002년의 실업률은 18.1%로 유럽평균의 2.5배 수준이다.

자유시장 경제 체제로의 이행과정에서 재정 지출의 감소가 예상되었으나, 실업급여, 빈곤층 지원, 조기퇴직권의 확대, 연금급여 등 재정 지출이 엄청나게 증가하였다.

1990년대의 출산율 하락에 대해서는 3가지로 설명될 수 있다.

첫째는 자유시장 경제 체제로의 이행과정에서의 사회 경제적 곤란을 들 수 있다.

경제적 어려움으로 인해 출산을 포기하거나 연기하게 되었다는 것이다.

1995년에 실시된 가족설문 응답 결과, 가족계획을 달성하지 못한 20%의 응답자는 '모성조건'과 '빈약한 건강'을 가장 중요한 이유로 들었고, 그 외에 실업과 경력관리에 대한 우려라고 응답하였다.

출산율 하락에 대해, 합리적 선택이론(rational choice theory)을 적용하면 자녀를 가지는 편익보다 비용이 더 크기 때문이고, 위험 기피이론(risk aversion theory)에 따르면 직업 및 전반적인 경제 상황의 안정성에 대한 우려 때문이다.

둘째는 서구사상의 전파와 가족의 현대화로 인해 출산패턴이 자녀를 적게 가지는 서 유럽형으로 변화된 것으로 분석된다.

고학력 여성의 증가와 출산보다 경력을 우선시하는 여성의 증대 등 가치관의 변화가 나타났다.

자아실현, 개인만족 선호, 전통적인 가족형태로부터의 자유에 대해 더 가치를 부여하게 되었고(후기 물질주의 가치이론), 출산에 대한 결정권에서 여성의 파워가 증가했기(양성평등이론) 때문이다.

셋째는 가족관련 급여 등 주요 정책의 변화를 들 수 있다.

1992년 이후 총 가족 현금급여, 자녀수당, 출산수당 등이 감소하였다.

따라서 가족수당의 삭감과 기존에 제공되던 사회서비스가 민영화되면서 출산에 대한 부담이 증가하여 출산율이 하락하게 된 것이다.

결혼연령 상승, 저 출산율에 영향

스페인은 전통적인 남유럽국가로서 출산율이 상당히 낮으며, 그리스, 이탈리아, 포르투갈도 유사한 특성을 보인다.

프랑코 정권하에서는 피임이 금지되었고, 대가족제와 현모양처의 전통적인 여성상이 대접을 받았다.

그러나 프랑코 정권이 붕괴된 1975년 이후 현재까지 상대적으로 낮은 출산율을 유지하고 있다.

2002년 출산율은 1.25이고 첫째 자녀를 출산하는 여성의 평균연령은 29.0세로 상당히 높은 편이다.

스페인은 지난 30년간 급격한 출산율 하락을 경험하였다.

출산율은 1970년대 후반 이후 급락하기 시작했다. 1981년에 인구 대체율인 2.1 이하로 하락했고, 1998년에는 급기야 1.16로 떨어졌다.

스페인의 출산율 하락은 5가지 요인으로 분석된다.

①가족구성을 방해하는 높은 실업률, 특히 30세 이하 여성의 실업률이 높고

②부모와 함께 거주하려는 젊은이들의 경향이 늘어나서 상대적으로 동

거율이 낮으며

　③혼외 출산율이 낮고

　④10대의 출산율도 낮으며

　⑤결혼연령의 상승 등을 들 수 있다.

이러한 요인이 출산을 지연하는 결과를 가져온 것이다.

첫째 자녀를 출산하는 여성의 평균연령이 1970년대 중반의 25세에서 2001년에 29세로 상승하였고, 여성의 결혼연령도 1980년의 23세에서 2000년에 27.7세로 증가하였다.

교육수준과 직장 경력 중시 문화도 영향

높은 실업율과 주택가격의 상승이 젊은 세대의 부모와의 동거를 부추기고 있다.

1995년의 조사결과 20~29세 남녀중 단지 1%만이 1인가구로 나타났다. 반면, 유럽 평균의 1인가구는 남성이 12%이고 여성이 10%였다.

또한 노동력의 37.5%가 여성이나, 여성의 실업률은 20.6%(2000년)로 높은 수준이었다.

1970년대 후반에 여성해방이 시작되었고, 직장에서의 역할도 증가하였다.

그 결과 여성의 높아진 교육수준과 직장 경력을 쌓을 수 있는 기회의 증가가 여성의 결혼 지연과 결혼율의 감소, 그리고 출산율 하락의 원인으로 지적되기도 한다.

2000년의 기혼여성(25~49세)의 경제활동참가율은 57%이나, 미혼 여성의 경제활동참가율은 80% 이상으로 조사되었다.

스페인은 기존에 출산율이 너무 높다는 인식이 일반적이고, 프랑코 독재 정권이 시행했던 정책에 대한 거부감으로 인해 출산장려정책에 반대가 많았다.

그러나 1998년 이후 가족관련 이슈가 정부정책과 언론의 관심을 끌기 시작했고 가정과 직장의 병행이 주목을 받고 있다.

스페인은 19개의 자치정부로 구성되어 있으며, 모든 사회적 정책은 자치정부 권한이기 때문에 중앙정부 차원에서 강력한 정책을 추진하는데 한계를 가지고 있다.

따라서 몇몇 자치정부가 출산장려정책을 추진하고 있으나, 범국가적 차원의 명확한 정책은 없는 상황이다.

그러나 2003년 초에 정부는 가족 정책수단을 조정하고 통일성을 높이기 위한 국가차원의 가족정책을 도입했다.

스페인의 가족정책이 부족한 원인의 하나는 가족의 형성과 구조는 정부보다는 가족에 의해 결정되거나 지원되어야 한다는 인식에 기인한다.

가족 및 아동 관련 정부의 지출은 GDP 대비 2.1%에 불과하며, EU국가 중 가장 낮은 수준인데, EU 평균은 GDP대비 8.5%이다.

스페인의 낮은 출산율은 가족정책의 부재에 기인한다.

스페인은 국민의 94%가 가톨릭이기 때문에 낙태, 피임, 이혼 등에 대해 보수적이다. 15~44세 여성 1000명당 낙태율이 5.7에 불과하여 EU 전체로 가장 낮으며, 공식적으로 낙태를 허용하지 않고 있다.

이혼은 1981년에 제정된 이혼법에 의해 법적으로 허용되고 있는데, EU 국가 중 세 번째로 낮은 이혼율 수준을 유지하고 있다.

우리나라의 저출산, 소득 요인이 가장 커

우리나라의 저출산 문제는 먼저 소득 요인이 크게 작용하고 있다.

외환위기 이후 평생직장 개념이 붕괴되고, 노동시장 불안정성이 증가하였다.

청년실업 및 중장년층의 명예퇴직 증가로 미래소득에 대한 불안감이 가중되고 있고 비정규직 고용 비중의 증가 등으로 고용불안정성이 증가하였다.

실제로 한국 국민은 선진국 국민에 비해 경제적 불안감을 많이 느끼는 것으로 조사되었다.

소득과 일자리의 안전성을 보여주는 ILO 경제안전지표에서 한국은 세계 32위를 차지하였다ILO, 2004).

그리고 급속히 진행된 고령화로 노후에 대한 불안감이 고조되고 있다.

기대수명의 연장에도 불구하고 한 번 퇴직하면 재취업이 매우 어려운 것이 현실이기 때문이다.

고용 안정성 저하에도 불구하고 재취업이나 전직 등을 지원하는 사회 인프라는 매우 취약한 형편이다.

직업교육과 취업알선 등 고용지원을 위한 공공지출이 GDP에서 차지하는 비중은 OECD 국가 중 낮은 수준인 것으로 조사되었다.

　또한, 경제적 문제로 인한 이혼사유가 급증하여 가족의 해체를 촉진하고, 그 결과 출산율 저하에 영향을 미치고 있다.
　노동시장의 불안전성, 교육과정 이수와 노동시장에 정착할 때까지 가족구성을 연기하는 여성의 욕구 등으로 첫째 자녀를 출산하는 여성의 평균연령이 증가하였다.
　사회의 변화는 여성에게 더 많은 경제활동 기회를 제공하게 되고, 여성은 가족에게 헌신하기 보다는 직장 경력을 추구하게 된다.
　한편으로는 확대되는 노동시장과 더 많아진 직장 기회는 여성이 더 고용되고, 그 결과 기회비용이 증가하고 출산율은 하락하게 된다.

또 다른 한편으로는 경제조건의 악화는 여성의 미래 재정상황에 대한 불안전성, 소득의 감소, 젊은이들이 학교를 졸업하고 직장을 구하기가 어려워짐에 따라 출산율 하락을 가져온다. 그리고 기업의 기술에 대한 수요가 증가함에 따라, 여성이 더 많은 교육을 받아야 하는 등 여성의 인적자본 투자 증가하기 때문에 출산율은 감소하게 된다.

양육비 부담 증가, 출산율에 영향

두 번째 자녀 요인을 살펴보자.

무엇보다 교육비 부담 증가를 꼽을 수 있다.

자녀로 인해 발생하게 되는 비용으로 고려해 볼 수 있는 것은 다음과 같다.

자녀의 인생성공을 위해 과중하게 투자해야하는 것에 대한 책임감이 증가함에 따라 상대적으로 다른 재화에 비해 자녀의 비용이 증가할 수 있다.

또한 도시화가 진행됨에 따라 자녀와 함께 거주할 적절한 주택마련비용도 증가하게 된다.

그리고 부모와 멀리 떨어져 사는 부부는 비용이 드는 보육시설에 의존해야 하기 때문에 비용부담이 가중된다.

이밖에도 자녀를 양육하기 때문에 발생하는 직장 휴직에 대한 기회비용, 경력의 단절 가능성 등의 비용도 고려되어야 한다.

자녀 교육비에 대한 부담이 꾸준히 증가하고 있으며 특히 보충수업비의 부담이 가장 크게 나타나고 있다.

2004년 조사결과, 자녀의 교육비가 부담된다고 응답한 가구는 전체의 77.2%로 1996년에 이 항목에 대한 조사가 시작된 이후 계속 증가하였다.

교육비 중에서는 특히 보충교육비가 64.6%로 가장 큰 부담요인으로 나타났으며, 2000년의 56.0%에 비해 8.6%p 증가하였다.

2002년 기준으로 GDP 대비 학교교육비 비율은 7.1%이며, 이중 정부부담률은 4.2%로서 OECD 국가평균인 5.1%에 미치지 못하고 있다.

반면, 민간부담률은 2.9%로서 OECD 국가평균인 0.7%보다 훨씬 높은 것으로 나타났다.

사교육비 증가, 해결 급선무

고등교육 단계에서 민간부담률이 높은 것은 전체 고등교육기관 중 사립교육기관이 차지하는 비율이 80%이상이며 이는 재정의 대부분을 학생의 수업료에 의존하기 때문인 것으로 분석되고 있다.

실제로 공교육이 약화되고 사교육이 지나치게 활성화된 상태에서 부모의 경제적 능력에 따라 자녀의 계층적 지위가 결정되는 경향이 강해지면서 자녀 출산후 교육투자를 조절하기 보다는 자녀수를 줄이는 추세가 증가하고 있다.

이밖에도 주택가격의 급등으로 인해 출산이나 자녀 수 증가에 따라 집의 규모를 늘리는 것 역시 큰 부담으로 작용하고 있다.

자녀가 제공하는 편익은 일반적으로 가업운영에 대한 도움, 노후시의 재정지원, 큰 가족규모에 따른 소비 가능성의 공유 등 유형상의 편익이 있고, 무형상의 편익으로는 가족이라는 느낌, 부모의 가치로서 자녀를 양육하고 교육하는 것, 가족승계 등이 있다.

그러나 산업화, 도시화, 확대가족의 감소, 노령자에 대한 공적 보호의 발전 등 선진국이 될수록 유형의 편익은 점점 더 중요성이 감소하고 있다.

노후 부양 등 자녀에게 얻을 수 있는 혜택에 대한 기대는 감소하고 있다.

부모 스스로 생계를 해결하거나 노후를 준비해야 하는 추세의 증가로 자녀에 의한 노후보장 기대감이 감소하고 있다.

또한, 자녀를 통한 노후보장에 있어서 물질적인 지원보다는 정신적인 유대감과 같은 정서적인 지원의 형태로 바뀌고 있는 추세이다.

자아실현과 삶의 질 중시, 저 출산에 연결

세 번째로 가치관 요인의 변화도 살펴보자.

개인의 자아실현과 삶의 질을 중요하게 생각하는 경향이 확대됨에 따라 자녀에 대한 선호는 감소하고 있는 추세이다.

또한, 독신을 선호하는 개인 비중이 증가하고 있고, 지속적으로 관계를 유지할 수 있는 배우자를 만나는 것이 점점 더 어려워지고 있다.

개인의 자유로운 생활을 중시하고 자아를 실현하기 위해 독신가구를 형성하는 경우가 증가하고 있다.

 게다가 이혼한 후 아이와 함께 살고 있는 '돌아온 싱글'과 배우자와 사별한 '실버 싱글', 평균 결혼 연령(여자 28세, 남자 30세)이 넘었는데도 부모와 함께 사는 '캥거루 싱글'까지 포함하면, 결혼 제도의 테두리 밖에 있는 싱글의 숫자는 600만 명에 이를 전망이다.

 지난 25년간(1975~2000년) 1인가구 비중이 4.2%에서 15.5%로 증가하였다.

 평균 가구원수는 동기간 중 5명에서 3.1명으로 감소하였다.

 1세대로 구성된 가구 비중도 7%에서 17.1%로 증가하였다. 반면 3세대로 구성된 가구 비중은 20.1%에서 9.9%로 하락하였다.

출산율, 직장경력에 대한 기회비용과 반비례

네번째로 사회 직장 요인을 보면 여성의 경제적 위상은 향상되었으나 사회적 여건은 미흡하다.

여성의 교육기간 증가는 여성의 첫째자녀 출산의 평균연령을 상승시키고, 추가적인 자녀를 가질 수 있는 기간을 감소시킨다.

또한, 여성의 높은 교육수준은 경제활동참가율을 높이고, 자녀보다도 자신의 목표를 더 추구하도록 변화시키며, 인생의 많은 부분에서의 자율권을 제공한다.

또한 높은 교육수준은 건강 및 피임에 지식을 가지게 되어 원하지 않는 임신을 피할 수 있게 된다.

OECD국가의 경우, 과거에는 고등교육을 받은 여성의 비율이 높을수록 출산율이 낮았으나, 1990년대에는 고등교육을 받은 여성의 비율이 높을수록 출산율이 높은 것으로 나타났다.

그러나 일반적으로는 직장경력에 대한 기회비용 때문에 여성이 고등교육을 받을수록 출산율은 하락하는 경향을 보인다.

이러한 가운데 보육시설은 꾸준히 증가하고 있지만 실제적으로는 직장, 양육, 가사 등의 병행이 어려운 상황이다.

기혼 직장 여성은 직장과 가사 중 택일할 수밖에 없는 상황이며, 미혼 직장 여성의 경우 결혼 연령이 높아지는 원인으로 작용하고 있다.

생계유지가 보장되지 않는 상황에서 여성은 자연스럽게 '취업은 필수, 결혼은 선택' 이라는 생각을 하게 된 것이다.

취업은 필수, 결혼은 선택

또한 미래불안정성이 증가하면서, 생계에 대한 보장 없이는 출산하지 않겠다는 의식이 강화되었고, 자녀가 자신보다 못한 생활을 할 수도 있다는 불안감이 출산율 저하와 교육열 강화로 이어지고 있다.

직장 여성은 가족구조 내에서 가사부담의 남녀 불평등으로 인해 이중으로 부담이 가중되고 있다.

평소 여성이 가사를 전담하는 경우가 아직도 높은 수준이다.

자녀 양육은 대부분 부모가 직접 담당하고 있으며 보육시설 이용 비율은 저조하다. 20대 어머니의 70~80% 정도가 직접 자녀를 양육하는 것으로 나타나, 직장에 다니기 위해서 출산을 포기해야 함을 간접적으로 시사한다.

자녀 양육을 위해 보육시설을 이용하는 어머니의 비율은 10% 미만이며, 취업 여성의 경우에도 10.5%(2002년)만 이용하고 있는 실정이다.

자녀출산과 성의 역할에 대한 여성가치관에 근본적인 변화가 일어났다.

여성의 고등교육과 노동시장 참여율의 증가는 자율권과 재정적 독립과 같은 새로운 가치를 전파시키는 계기가 되었고, 여성으로 하여금 전문성과 가사의 양립이 어렵다는 인식이 높아지게 되었다.

여성이 고등교육을 받아 노동시장 참여가 늘어나면서, 더 많은 여성이 직업의 전문성과 가사노동의 조화에 곤란을 겪고 있다.

저 출산 요인 종합 평가

우리나라의 저 출산 요인을 종합적으로 평가해보면 먼저 '사회,직장 요인' 이 저 출산의 주 요인으로 작용하고 있다.

한국은 서구 선진국과는 달리 양육비용 등 '자녀 요인' 보다도 '사회,직장 요인' 이 한국의 출산율 하락에 더 큰 영향을 미치는 것으로 분석되었다.

즉, 전통적인 성역할 등 사회적 관습이 저 출산의 주요인이라고 할 수 있다.

여성에 편중되어 있는 자녀양육과 가사노동, 남녀의 성역할 분리 퇴색 등이 결정적인 요인으로 작용하고 있는 것이다.

교육비, 주거비, 주택구입 기간 등 비용 측면보다 사회,직장 요인이 출산율에 더 큰 영향을 미치는 것으로 나타났다.

2000년대 초반에 발생한 출산율의 급격한 하락은 외환위기 이후의 경제적 불안정성 증가를 국민이 체감하면서 나타난 현상이라고 분석된다.

외환위기 이후 급격하게 진행된 경제적 변화가 동독이나 폴란드가 겪은 체제 전환에 버금가는 충격으로 작용한 것이다.

OECD 회원국 중 1990년대 이후 연 10% 이상 출산율 하락을 경험한 나라는 동독, 폴란드, 체코, 터키와 한국뿐이며, 이들은 경제적 불안정성이 급격히 증가했다는 유사성을 가지고 있다.

한국은 고도성장기에 형성된 평생직장의 개념이 퇴색하면서 가계의 소득 불안정성이 높아지고 미래에 대한 불안이 고조되었기 때문이다.

기업의 구조조정이 본격화되면서 중장년층의 명예퇴직이 증가하여 정년퇴직이 유명무실화되었으며, 청년실업이 급증하였고, 파트타임이나 임시직 등 비정규직 취업자 비율이 빠르게 증가하였다.

동독과 폴란드도 체제전환 시기 이후 한국과 마찬가지로 급격하게 출산율이 하락하는 추세를 나타내고 있어, 미래 불안정성 증가가 저 출산에 미치는 영향을 특징적으로 보여주고 있다.[25]

미래 불안정성 해소가 출산율 제고 한다

이 같은 사실이 우리에게 주는 시사점은 '출산율 제고'와 '저 출산 적응 정책'을 병행 추진하라는 것이다.

현 상황에서 출산율을 인구 대체율인 2.1 수준으로 끌어올리는 것은 거의 불가능하다고 판단될 만큼 힘든 과제이다.

게다가 저 출산 요인을 개선하기 위해 효과적으로 정책을 구사할 수 있는 여지도 크지 않다. 외환위기 이후 경제적 구조변화로 초래된 미래불안정성 증가 등 소득 요인은 노동시장을 포함한 경제 전체의 문제이기 때문에 출산율 제고만을 목표로 경제 정책을 운용할 수는 없는 사안이다.

또한, 만혼과 독신증가, 개인만족 중시 등 가치관 요인을 바꿀 수 있는 정책 수단도 거의 없다고 할 수 있다.

따라서 향후 출산장려정책은 '사회,직장 요인'의 개선에 초점을 맞출

---

25 최숙희외, "저출산 時代, 어떻게 대처할 것인가?", CEO Information 제527호, 삼성경제연구소, 2005.11.16

필요가 있다.

자녀 양육 및 교육비용 등 '자녀 요인'의 개선에 치중할 경우 출산율 제고 노력은 한계에 봉착할 우려가 있다.

일반적으로도 비용지원을 통한 출산장려정책의 효과는 적고 사회,직장 개선의 효과가 더 큰 것으로 평가되고 있다.

현재 정부의 출산장려정책은 영유아 보육비 보조 등 지나치게 '자녀 요인' 개선에 치중하고 있다.

그러나 자녀 양육 및 교육비용 지원정책은 재정지출 대비 효과가 미미할 것으로 우려된다. 따라서 향후의 정책 방향은 자녀비용 지원을 보조적 정책수단으로 활용하는 것이 바람직하다.

동시에 인구 감소에도 불구하고 활력을 유지할 수 있도록 경제 체질을 바꾸는 '저 출산 적응 정책'을 추진해야 한다.

세계 최저 수준의 출산율은 제고되어야 하지만, 이와 함께 저 출산에 적응하기 위한 대책을 병행하는 것이 요구된다.

여성, 고령자 등을 활용한 노동 공급의 量的 확대와 인당 부가가치를 높일 수 있는 노동력의 質的 수준 제고가 필요하다.

특히 전일제 full-time 근로형태의 획일성에서 탈피하는 것이 시급하다.

즉 '남성 소득源 모형'에 기반 한 근로형태에서 탈피할 필요가 있다.

여성이 가사와 육아를 전담하던 시대에는 가장 효율적이었던 전일제 근무형태가 오히려 사회 전체 생산성을 저해할 수 있기 때문이다.

장시간 근로 외에 다른 선택의 여지가 없을 때, 여성 취업 확대는 곧바로 출산율 하락으로 연결되기 때문이다.

친 가족 근로형태 적극 도입해야

그리고 근무형태의 유연화를 근간으로 하는 친 가족 근로형태를 적극 도입해야 한다.

근무형태의 유연화는 출산 육아와 취업 간 조화 정책의 핵심사항이다.

출산이 고용을 가로막지 않도록 하는 고용정책의 목표와 고용이 출산을 저해하지 않도록 하는 인구정책의 목표는 동전의 앞 뒷면이기 때문이다.

따라서 가정과 직장을 병행할 수 있도록 근무시간이나 근무 장소에 대해 유연성을 부여해야 한다.

필요시 활용한 후 원래 근무형태로 돌아가는 한시적 유연근로는 대개 사용자와 피고용인 간의 합의로 결정되는 사안이나, 영구적 유연근무제는 고용계약상의 문제이므로 개별 사용자에게 일임하기보다는 정부가 앞장서 노력해야 확산이 가능하다.

친 가족 근로형태를 활용하는 기업에게 세제혜택이나 지원금을 제공하고, 저출산 시대의 대안으로 홍보하는 것도 고려해 볼 수 있다.

그러나 '고용평등의 확보' 가 친 가족 근로형태 확산을 지연시켜서는 곤란하다.

친 가족 근로형태는 대개 여성에게 주어질 것이 예상되므로, 현재의 남녀 고용평등법 상의 간접차별 조항에 저촉될 수 있는 소지가 있다.

따라서 고용 평등과 간접차별의 의미를 보다 명확히 하여, 친 가족 근로형태가 법적문제를 야기 시키지 않도록 조치해야 한다.

이와 더불어 중장기적으로 개인의 경제적 불안을 완화하여 '소득 요인' 을 개선해야 한다.

개인의 경제적 불안이 경감되어야 출산에 대한 긍정적 시각이 복원된다.

미래에 대한 불안은 개인으로 하여금 출산과 같이 장기적 책임이 뒤따르는 결정을 회피 또는 연기하게 만든다.

국가의 양육비 보조 등이 일정한 효과를 낼 수 있겠지만, 근원적으로는 개개인의 경제적 안정도가 향상되어야 출산에 대한 부담감이 경감된다.

또한, 수명 연장에 따라 60대까지도 일할 수 있도록 지원하는 제도와 시스템 마련도 시급하다.

교육기간 연장, 결혼 연령과 출산 연령 상승에 효과적으로 대응하려면 중장기적으로 정년 연장이 불가피하다.

또한 직업훈련 및 재교육의 강화와 노동시장 활성화 등을 통해 개인에게 스스로 경쟁력을 향상시키고 일자리를 찾을 기회를 제공해야 한다.

평생직장에서 평생 직업의 개념으로

평생직장의 개념은 퇴색하였으나 평생 직업을 가질 수 있도록 지원해야 한다.

생산성 제고를 위해 고등교육 중심의 경쟁력 향상이 시급하다.

대학 진학률이 80%에 이르는 현상을 고려할 때, 대학을 중심으로 한 고등교육의 개선은 인적 자원의 질 제고에 직결되는 사안이다.

그리고 고등교육에 대한 정부의 교육비 지원은 OECD 회원국 중 가장 낮은 수준이다. 학생 일인당 공교육비를 선진국 수준으로 대폭 끌어 올리되, 재원의 효과적 배분과 엄격한 성과관리를 병행해야 한다.

따라서 대학의 혁신 노력을 전제로 한 정부의 적극적인 재정 지원이 요구된다. 대학은 사회의 수요를 감안한 학제 개편 및 커리큘럼 정비, 대학별 특성화, 산학 협력 등을 추진해야 한다. 교육의 질 제고는 저출산 시대의 양질의 교육에 대한 수요 증대에 부응하는 방안이기도 하다.

저 출산으로 인해 가구당 자녀수가 감소하면서 양의 교육에 대한 수요가 증가하고 있으나, 이를 충족시키지 못하는 상황이다.

고학력의 고령 인력을 직능에 맞게 제대로 활용할 수 있는 방안을 찾는 것도 요구된다.

연령에 관계없이 인적자원을 적재적소에 투입하는 것이 시급히 요청된다.

고령자 중 대졸 이상 고급인력의 비중이 2000년의 10.6%에서 2025년에는 38.7%로 증가할 것으로 전망되나, 현재는 대부분의 고령 인력이 단순 노무직에 종사하고 있는 실정이다.

그리고 중고령자의 재취업을 알선할 수 있는 고용 지원 인프라를 확충해야 한다.

임금피크제는 기업이 고령근로자를 강제 퇴직시킬 동기를 완화시켜 고령 인력 활용을 촉진시키게 된다는 점에서 효과적인 대안이라고 할 수 있다.

고용에 있어 연령에 대한 제한을 폐지하거나, 임금피크제 등을 통해 고령자 고용을 적극 활용해야 한다.

고령자에게 일자리를 제공하는 것은 조세 수입 확대, 연금재정 압박 완화, 젊은 세대의 부담 감소 등 일석삼조의 효과를 기대할 수 있다.

또한 기업차원에서는 임금 피크제를 활용한 고령자의 취업이 직업의 연속성, 지식의 이전, 인건비 절감 등에 기여할 수 있다.

그리고 직업안정성이 출산율 제고의 주요 대책인 만큼 여성인력의 적극적인 활용이 필요하다.

한국 여성 고용율은 주요 선진국에 크게 못 미치는 상황이다.

특히, 한창 일할 나이인 25세~54세 연령대의 고용율 격차가 가장 크게 나타나고 있다.

한국의 여성 고용율은 52.2%로 OECD 평균인 55.8%에도 미치지 못하고 있다.

25~54세 연령대의 여성 고용율은 58%로 OECD 평균인 64.8%를 하회하고 있으며, 주요 선진국이 70%대 이상의 고용율을 보이고 있음을 감안하면 매우 낮은 수준이다.

가정 친화적인 고용 형태 도입은 출산율 제고 뿐 아니라 여성의 경제활동 참가를 활성화하는 데도 기여하게 되므로 1석 2조의 효과를 기대할 수 있다.

"결혼과 출산은 최대의 축복이다"

"아이가 한국의 미래다"

II. 가정

[3] 육아

육아의 어려움은 예나 지금이나 마찬가지이지만
현재 젊은이들의 사고에는
과거처럼 어려움은 당연히 처지에 따라 겪어야할 일이라는
관행에서 벗어나 있다.
예전에는 아이가 태어나면
"제가 먹을 복은 제가 타고난다"고 했지만
지금은 부모입장에서
"잘 먹이고 잘 키울 자신 없으면 낳지 말자"라는
의식이 팽배하다.
육아 또한 출산율에 직결되는 문제이니 만큼
우리사회의 거시적인 합의 과제로 올려놓고
중지를 모아
좀 더 슬기롭게 행해 나가야 한다.

II. 가정

[3] 육아
- 잘 키운 아들 딸, 대한민국의 자산 -

    정부는 서로 존중하는 가족문화의 조성과 가정, 사회의 안전망 구축을 위해서 여러 가지 노력을 기울이고 있다.

    가정은 건강하고 활력 넘치는 사회를 만들기 위한 첫 출발점이라고 할 수 있지만, 부모의 따뜻한 눈 맞춤과 사랑을 받지 못하고 학대받는 아이들이 여전히 있다.

    신체학대뿐만 아니라 우리 아이들이 마땅히 누려야 할 관심과 애정을 받지 못한다면, 이것 역시 또 다른 형태의 학대이기 때문에 방임과 정서학대에 대해서도 더 적극적인 조치가 필요하다.

　민법상의 '자녀 징계권' 조항이 삭제가 되어서 체벌이 학대라는 인식이 점차 자리 잡고 있고, 피해아동을 즉각 분리하는 '즉각분리제도'가 시행되면서 학대 징후가 있는 아이들을 빨리 분리하고 있지만, 안타깝게도 글로 표현하기 어려운 사건들이 잇따라 발생하고 있다.

　필자의 생각은 아이들을 개별 가정에만 맡기는 것이 아니라 사회가 함께 나서서, 든든한 울타리가 되어주어야 한다는 것이다.

　다양성을 존중하고 포용력이 있는 사회에서 소중하게 대접받으며 듬뿍 사랑을 받아야 아이들은 심신이 건강한 사회인으로 자라날 수 있다.

　하지만, 우리 사회가 다양한 배경을 지닌 아이들을 충분히 감쌀 만큼 성숙했는지에 대해서는 의문부호가 남는다.

　세계 최저의 합계출산율이라는 암울한 현실 속에서 다문화배경을 지닌 초중등 학생들은 지난 10여 년간 꾸준히 증가추세를 보이고 있지만, 이 학생들에 대한 세심한 보살핌에는 아쉬움이 있다.

우리 사회가 미래를 이끌어 갈 우리 아이들을 따뜻하게 품고, 또 안전하게 보호해줄 수 있는 곳이 돼야한다,

촘촘한 사회안전망 구축

과거 정부가 내세운 '포용적 복지'는 국가가 국민의 전 생애를 책임지는 정책으로 국민이 의료비와 생활비 걱정에서 벗어날 수 있도록 하는 것이다.

정부는 아이부터 어르신까지 생애 주기별로 높은 삶의 질을 누리고 필요한 혜택이 골고루 돌아갈 수 있도록 맞춤형 지원을 강화했다.

이러한 정책의 일환으로 매월 10만원의 아동수당 지급과 온종일 돌봄 체계를 구축해 보육의 어려움을 해소하고자 했고 본격적인 초중고 무상교육 시대를 열며 학비 부담을 덜게 됐다.

아동수당은 대한민국 국적을 가진 만 7세 미만 모든 아동에게 매월 10만 원씩 지급하는 제도로, 아이를 키울 때 드는 경제적 부담이 저 출산의 한 원인으로 지목받는데 이를 직접 줄여주는 효과가 있다.

아동수당 제는 지난 2018년 국정과제위원회에서 지급을 결정하면서 같은 해 6월부터 대상자들의 사전 신청을 받아 221만 명에게 최초 지급을 시작했다.

　아동수당을 받을 수 있는 대상을 꾸준히 확대해 2019년부터 소득,재산 기준과 상관없이 보편적으로 지급하고, 대상 연령도 만 7세 미만으로 늘렸다.

　또한 '행복출산 원스톱 서비스'에 아동수당을 포함시켜 주민 센터에서 출생 신고할 때 양육수당과 아동수당 등 다른 출산지원금과 함께 아동수당도 별도로 절차 없이 동시에 신청할 수 있도록 했다.

　특히 코로나19가 시작된 2020년에는 아동에 대한 지원을 더욱 늘렸는데, 두 차례 추경을 통해 기존 아동수당 외에 만 7세 미만 아동에게 40만원 상당의 아동 돌봄 쿠폰을 지급했다.

아울러 초등 이하 아동에게는 1인당 20만원을, 중학생 학령기 아동에게는 1인당 15만원을 추가 지원해 위축된 지역 경제를 활성화하고 아동 양육가구의 부담을 줄이기 위해 노력했다.

이 결과 아동 양육가구의 평균 소비는 6.4% 증가했으며 지급 1개월 이내 동네마트와 음식점 등에서 지원액의 72%가 소비되는 등 지역경제 활성화에도 크게 기여한 것으로 나타났다. 온종일 돌봄 체계도 구축했다.[26]

온종일 돌봄체계 구축' 국정과제로 설정

핵가족화와 여성의 경제활동 증가 등으로 돌봄 수요가 늘고 있는 가운데, 초등학생을 키우는 맞벌이 가정에서는 학교를 마친 뒤 부모가 집에 돌아올 때까지 '방과 후 돌봄 공백' 시간을 해결하지 못해 일을 포기하는 사례가 적지 않다.

때문에 지역이 중심이 돼 다양한 돌봄 사업을 통합,조정하는 돌봄 서비스 모델을 발굴하고 중앙정부는 이를 지원하는 방식으로 돌봄 정책의 패러다임 변화가 필요한 시점이었다.

이에 정부는 2017년 '온종일 돌봄체계 구축'을 국정과제로 설정하고, 이듬해 4월 초등돌봄에 대한 국가책임을 강화하는 기조의 '온종일 돌봄체계 구축,운영 실행계획'을 수립,발표했다.

---

26 대한민국 정책브리핑(www.korea.kr)

　주요 핵심 내용은 학교 돌봄과 마을 돌봄을 연차적으로 확대해 돌봄 서비스를 받는 초등학생을 2017년 33만 명 규모에서 2022년까지 53만 명 수준으로 늘리는 것이다.

　아울러 지역 특성에 맞는 온종일 돌봄 체계 선도모델을 개발해 확산시키며 중앙과 지방의 돌봄협력 및 전달체계를 구축, 운영해 모든 아이들에게 행복한 돌봄 서비스를 제공하는 것이었다.

　이 결과 전국 학교에서는 초등 돌봄 교실을 2018년부터 매년 700실 확충하고 있는데, 오는 2022년까지 24만 명 수준이던 돌봄 인원을 31만 명으로 늘릴 계획이다.

이와 함께 지자체와 지역사회 등은 협력을 통해 다함께 돌봄 센터, 지역아동센터, 청소년 방과 후 아카데미를 늘려왔는데, 지난해 마을 돌봄 시설 이용자 수는 13만 6686명으로 목표치 12만 6000명을 초과달성했다.

또한 '온종일 돌봄 원스톱 서비스'를 개통해 거주지 인근의 학교 돌봄과 마을 돌봄 시설을 파악하고, 별도의 증빙서류 제출 없이도 선발 조건에 부합하는지 확인한 후 돌봄서비스를 신청할 수 있게 됐다.

특히 국공립 유치원 확충 목표도 상향 조정, 2020년 기준으로 당초 목표였던 600학급의 1.4배 이상인 총 885개의 학급을 확충해 학부모 수요에 부응했다.

양적 확대 외에도 통학 버스 지원을 늘려 불편을 최소화 하는 등 국공립 유치원 서비스의 질적 개선도 진행되고 있으며, 가정에서의 돌봄 공백을 최소화하기 위해 방과후 과정 학급을 늘리고 운영시간을 다양화하는 등 내실화도 추진하고 있다.

공보육 인프라 꾸준히 확충

한편 정부는 공보육 인프라 확충 목표를 꾸준히 높이면서 관계기관의 재정부담 경감 노력과 국공립어린이집 설치 시 국,공유자산의 무상대부 등 제도개선을 해왔다.

이에 따라 2016년 기준 2859개였던 국공립어린이집이 올해 7월에는 5237개로 크게 늘었고, 공공보육 인프라의 수혜를 받는 아동비율은 35%

로 4년 사이 12%p 증가했다.

초중고 무상교육 시대도 목전에 두고 있다.

2019년 1학기까지만 해도 고등학교에 다니는 자녀가 1명 있다면 입학금과 수업료 등 한 해 학비로 서울 일반고 기준 약 160만 원의 비용이 들었다.

그러나 같은 해 2학기부터 고등학교 3학년을 시작으로 고교 무상교육을 실시, 2020년 고2,3학년에 이어 올해 모든 학년으로 확대함에 따라 고교 학비 걱정을 덜게 됐다.

이는 부모의 소득격차가 교육기회의 격차로 이어지지 않도록 고교까지는 모든 학생이 가정환경이나 지역, 계층과 관계없이 공평한 교육기회를 보장받아야 한다는 국민적 공감대가 있어서 가능한 일이었다.

실제로 대국민 설문조사 결과 고교 무상교육 추진이 바람직하다는 응답이 86.6%에 달할 정도로 고교 무상교육의 추진 여론이 높았다.

한편 고교 무상교육을 실현하기 위해서는 약 2조원이 예산이 필요했는데, 정부는 이 문제를 교육부와 재정당국, 시,도교육청, 지방자치단체 등의 재원 분담으로 확보 방안을 마련했다.

2019년 4월 9일 당,정,청의 협의로 '고교 무상교육 실현 방안'을 확정했고, 2019년 2학기부터 고3 학생 44만 명을 대상으로 무상교육의 첫발을 내딛었다.

이어 2020년에는 고교 2,3학년 85만명이, 2021년에는 1,2,3학년 124만 명이 무상교육 혜택을 받게 됨에 따라 그만큼 학부모의 경제적 부담은 줄어들었다.

고교 전 학년 무상교육은 2004년 참여정부에서 중학교 무상교육을 시행한 이후 17년 만의 일로, 비로소 초중고 전면 무상교육이 완성된 것이다.

특히 무상교육 실시는 고교생 자녀가 있는 가구의 1인당 연 160만 원의 학비 부담을 덜게 했는데, 매달 13만 원을 아끼면서 그만큼 소비할 수 있는 여력이 늘어난 셈이다.

이를 통해 가정환경,지역,계층에 관계없이 모든 학생이 공평한 교육기회를 보장받게 됐다.

다만 2024년 이후 예산 확보 방안을 마련해야 하는데, 정부는 향후 국가 전반의 재원과 새로운 교육수요, 인구변화 등을 종합 검토하고 관계부처 등과 지속 협의로 안정적 재원 확보 방안을 마련할 예정이다.

필수의료의 보편적 보장 추진

그동안 정부는 '필수의료의 보편적 보장'을 공공의료의 비전으로 설정하고 정책을 꾸준히 추진해왔다.

이에 따라 2018년 '공공보건의료 발전 종합대책'을 수립해 정부 출범 이후 공공의료 발전 방향을 처음 제시했고, 이어 2019년 '지역의료 강화대책'을 통해 지역의료 격차 해소를 위한 방안도 마련했다.

이러한 공공의료 확충 노력은 수치로도 확인되는데, 공공의료 예산은 2016년 대비 2021년에 37.4% 대폭 높아졌고, 2020년부터는 지역 내 책임의료기관을 지정, 운영해 공공의료의 중심 체계로 육성하고 있다.

　특히 중증응급에 대한 신속한 대응과 지역 접근성 향상을 위해 2017년 이후 소아전문 응급의료기관은 2017년 2개에서 올해 5개로, 응급의료 전용 헬기는 6대에서 7대로, 권역외상센터는 10개에서 15개 등으로 확충해 필수의료 공급 기반을 강화했다.

　또한 코로나19를 겪으면서 향후 상시적 공중보건위기 대응 및 지역 필수의료 지원을 위해 더 과감하게 공공의료를 확충해야 한다는 필요성이 제기됨에 따라 지방의료원 등을 20개 이상 신·증축하고 충분한 의료역량을 갖추도록 할 계획이다.

아울러 지방의료원이 없는 시,도나 지역 여건 등을 토대로 추가 설립 추진 중인 지역에 대해서도 공공병원 설립 계획을 적극적으로 지원하고, 대규모 감염 병 발생에 대비해 중앙 및 권역 감염 병 전문병원을 중심으로 의료체계를 고도화할 방침이다.

정부는 2022년까지 국민 모두가 의료비 걱정에서 자유로운 나라, 어떤 질병도 안심하고 치료받을 수 있는 나라를 만들어가겠다고 밝혔다.

15세 이하 아동의 입원 진료 시 본인부담률을 10~20%에서 5%로 인하했고 난임가정의 성공적 임신,출산을 위한 지원을 강화했다.

개편된 보육지원체계

지난 2020년 보육지원체계가 개편 됐다.

2019년 9월 보건복지부는 영유아보육법 시행규칙 개정안을 입법 예고하면서 2020년 3월 시행을 목표로 지방자치단체 의견 수렴과 시범사업 분석, 관련 시스템 정비 등을 거쳐 보육지원체계를 개편할 계획이라고 밝혔다.

이에 따라 개편 3개월이 지난 2020년 5월 말 기준 어린이집 당 평균 1.2개 연장 보육 반을 구성하고 전담교사 2만 9187명을 채용했으며, 특히 전국 어린이집 98.9%에 안심 등하원 자동알리미 설치를 완료했다.

2020년 3월부터 시작한 보육지원체계 개편으로 어린이집 98.9%에 안심 등하 원 자동알리미가 설치되었고 약 3만 명의 연장 반 전담교사가 배치되었다.

    안심 등하 원 알리미는 어린이집 입구에 설치된 리더기가 아동이 소지한 꼬리표(태그)를 읽어 아동의 등원과 하원시간을 자동으로 확인해 보호자에게 전송하는 시스템이다.

    복지부는 예산 92억 5000만 원을 투자해 2020년 3월부터 전국 어린이집에 설치를 시작했는데, 5월 말 기준으로 전국 어린이집의 98.9%에 안심 등하 원 알리미(자동전자출결시스템) 설치를 완료하면서 전체 등원 아동 중 90만 2339명(99.7%)이 이용 했다고 밝혔다.

    또한 올해 보육지원체계 개편으로 어린이집 보육시간은 기본보육(~오후 4시)과 연장보육(오후 4시~7시 30분)으로 구분되어 운영 했다.

이에 따라 어린이집은 장시간 보육이 필요한 아동을 대상으로 내실 있는 보육서비스를 제공할 수 있도록 연장보육 반을 운영하고, 정부는 어린이집의 비용 부담을 줄이도록 연장보육료를 지원하고 있다.

특히 연장보육 반은 등원 아동의 보호자가 눈치 보지 않고 보육을 이용할 수 있는데, 어린이집 휴원으로 긴급보육 기간이었던 2020년 5월 기준으로 어린이집 재원 아동의 41.9%(49만 8958명)가 1회 이상 연장보육을 이용해 장시간 돌봄 수요를 충족하고 있는 것으로 나타났다.[27]

연장보육 반 운영으로 보육서비스 제공

이 중 연장보육반에 편성되어 상시적으로 연장보육을 이용하는 아동은 18.2%(21만 6629명)로 오후 5시 이후 월 평균 이용시간은 15.5시간이었고, 반 편성되지는 않았으나 긴급, 일시적인 사유로 간헐적으로 연장보육을 이용한 아동은 23.7%(28만 2329명)로 월 평균 7.1시간을 이용했다.

한편 전국 어린이집 중 연장보육반을 운영하는 어린이집은 68.5%로, 어린이집 유형별로 보면 국공립 78.2%, 직장 70.9%, 민간 66.4%, 가정 68.2%로 나타났다. 어린이집의 연장보육반은 전담교사의 배치로 낮 담임교사의 업무부담을 줄이면서 신규 채용효과도 가져왔다.

2020년 5월 말 기준으로 연장보육반은 어린이집당 평균 1.2개, 전국 총 4만 2956개(전체 18만 개 반의 23.8%)가 구성되었고, 이 중 67.9%인 2만 9187개 연장반에 전담교사가 배치되었다.

---

27 2020.06.16 보건복지부. 대한민국 정책브리핑(www.korea.kr)

　연장보육 전담교사는 오후 4시 이후 늦게까지 남아있는 아동을 전담 보육하기 위해 정부가 인건비를 지원해 채용한 보육교사로 오후 3시부터 7시 30분까지 근무한다.

　이 덕분에 연장보육 전담교사를 채용한 어린이집은 낮 담임교사의 업무 부담이 줄어들어 대체로 긍정적인 반응을 보이고 있는데, 전체 연장보육 전담교사 2만 9187명 중 보조교사 겸임 등을 제외하고 신규 채용된 연장보육 전담교사는 1만 7773명이다.

　이 중 어린이집에 계속 근무했던 교사는 9068명(51.0%), 최근 2년 내 휴직 후 재취업자는 4085명(23.0%), 신규 유입 사례(장기 미 종사자, 신규

자격자)는 4620명(26.0%)이다. 1만 7674명(99.4%)이 여성, 40~50대가 1만 3025명(73%)으로 중년 여성의 일자리로 자리매김하고 있다.

육아 휴직도 꾸준히 증가

육아에 있어서 부모의 역할은 절대적이다.

자녀 맞돌봄 문화 확산으로 남성 육아 휴직도 꾸준히 증가하고 있다.

아빠의 육아 휴직은 '21년 3월 6.359명에서 '22년 3월 7.993명으로 전년 동기 대비 25.6% 상승 했다.

아빠 육아 휴직이 지속적으로 증가하여 전체 육아 휴직자 중 26.3%를 차지했다.

특히 '22년 1분기의 남성 육아 휴직자는 7.993명으로 전년 같은 기간에 비해 1,634명이 증가했다.

육아기 근로시간 단축은 '21년 3월 3,164명에서 '22년 3월 3,431명으로 전년 동기 대비 8.4% 상승했다.

육아기 근로시간 단축 사용자 수는 전년 같은 기간 대비 13.5% 증가했다.

여성 근로자의 경우 전년 대비 15.2% 증가했고, 남성 근로자의 경우 전년과 비슷하다.

육아 휴직 관련 2022년 지원 현황을 보자.

먼저 육아 휴직 급여는 경우 임신 중에 육아 휴직을 사용한 근로자, 만 8세 이하 또는 초등학교 2학년 이하의 자녀 양육을 위해 육아 휴직을 사용한 근로자, 만 12개월 이내 자녀 대상 3개월 이상 육아 휴직의 경우 첫째 달 ~ 열두번째 달까지 상한선 150만 원, 통상임금의 80%를 지급하고 있다.

자녀 생후 12개월 내에 부모가 동시 또는 순차적으로 육아 휴직을 사용한다면 △1개월 차 - 남성 최대 200만 원, 여성 최대 200만 원 △2개월 차 - 남성 최대 250만 원, 여성 최대 250만 원 △3개월 차 - 남성 최대 300만 원, 여성 최대 300만 원 3개월 동안 각각 750만 원의 육아 휴직 급여 받을 수 있다. 모든 개월 차에 통상임금 100%의 지급받을 수 있다.

육아 휴직을 허용한 우선 지원 대상 기업 사업주에게는 월 200만 원씩 3개월 동안 지원된다.(만 12개월 이내 자녀 대상 3개월 이상 육아 휴직)

이외 육아 휴직 기간에 대해서는 월 30만 원 지원된다.[28]

우리사회에 육아의 어려움으로 아이 낳기를 미루거나 기피하는 문화가 어느새 일정부분 자리잡고 있다.

육아의 어려움은 예나 지금이나 마찬가지이지만 현재 젊은이들의 사고에는 과거처럼 어려움은 당연히 처지에 따라 겪어야할 일이라는 관행에서 벗어나 있다.

예전에는 아이가 태어나면 "제가 먹을 복은 제가 타고난다" 고했지만 지금은 부모입장에서 "잘 먹이고 잘 키울 자신 없으면 낳지 말자" 라는 의식이 팽배하다.

육아 문제 또한 출산율에 직결되는 문제이니 만큼 우리사회의 거시적인 합의 과제로 올려놓고 중지를 모아 좀 더 슬기롭게 행해나가야 한다.

---

28 2022.04.29 고용노동부발표. 대한민국 정책브리핑(www.korea.kr)

Ⅲ. 저 출산 인구절벽 벗어나기

우리의 삶 속에서 황금만능주의를 벗어나고
말 그대로 주어진 현실 속에서 웃음꽃이 피는
건강한 가족의 모습이 최고의 시대 가치가 될 수는 없는가.
그러한 가족의 웃음꽃에는 고층아파트와 부모 찬스로 얻은 고
액 과외와 기름진 음식, 유명브랜드 옷이 얼마나 담겨 있을까.
옛말에 '부모 복' '자식 복'이라는 말이 있다.
운이 상승하는 시기에는 부모와 자식이 서로 살피지만
운이 하락하는 시기에는 자기 살기에 급급하여
주위를 살필 여유가 없다는 말이다.
아이 낳기를 두려워하는 젊은이들을 위해 '부모 복'이라도
듬뿍 주자.
그래서 나라를 살리자.
이것이 필자가 글을 쓰는 이유이다.

III. 저 출산 인구 절벽 벗어나기

- 인구가 국력의 지표다 -

　고용노동부가 발표한 중장기 인력수급전망에 따르면 고령화로 2030년까지 15~64세 생산 가능인구 320만명이 감소한다.[29]

　듣기에 따라서 비극적인 말이다.

　우리 역사상 전쟁 말고 이러한 무시무시한 상황이 예견 된 적이 있었는가.

　청년층 비율 14.7%로 줄고 장년층 이상 55%로 늘어난다는 것이다.

　불과 8년 후의 얘기다.

　2030년까지 고령화의 영향으로 생산가능 인구 증가폭이 크게 둔화되는 가운데, 청년층 비중은 낮아지고 장년층 이상 비중은 크게 높아진다는 전망이다.

　고용노동부와 한국고용정보원은 '2020~2030 중장기 인력수급 전망'

---
29 중장기 인력수급전망. 2022.02.03 고용노동부. 대한민국 정책브리핑(www.korea.kr)

을 발표, 인력공급 제약으로 세부 연령대별 경제활동참가율은 상승하지만 인구 고령화로 15세 이상 전체 경제활동참가율은 하락할 것으로 예상했다.

또한 15세 이상 취업자는 2030년까지 98만 명 증가하지만 고령화 및 산업구조 변화 등의 영향에 따라 2025년을 정점으로 감소세로 전환할 것으로 내다봤다.

특히 향후 노동시장은 종전에 없던 '공급제약' 과 '고용구조의 급속한 재편' 이 예상되는데, 이에 적극적인 노동시장 정책을 통해 공급제약을 극복하고 일자리를 둘러싼 환경변화에 대응하기 위해 정책 역량을 집중할 필요가 있다는 얘기다.

고용부는 2007년부터 격년 단위로 미래 노동시장의 수요와 공급을 예측하고 전망치를 제시하는 '2020~2030 중장기 인력수급 전망' 을 발표해오고 있다.

올해는 7차 전망으로, 생산가능인구와 경제활동인구 등 인력 공급과 인력 수요(취업자), 기술혁신(디지털혁신)을 반영한 수정 인력수요를 전망했다.

인력 공급 수요 전망

2030년까지 15세 이상 생산가능인구는 134만 4000명이 늘지만 둔화되고, 15~64세는 320만 2000명이 줄어 감소폭이 확대된다.

이는 저출산과 고령화의 영향에 따른 것으로, 청년층 비중은

14.7%(-5.2%p로 급격하게 낮아지는 반면 50세 장년층 이상 비중은 55.0%(+9.2%p로 크게 높아질 전망이다.

또한 2030년까지 15세 이상 경제활동인구는 74만 6000명 증가하지만 2025년 정점으로 줄어들고, 15~64세는 125만 1000명 감소할 것으로 내다봤다.

특히 15세 이상 경제활동참가율은 고령화로 -0.2%p 소폭 감소하는 반면 15~64세 참가율은 +2.8%p로 큰 폭으로 상승하는데, 30~40대 및 60대 등 모든 연령대의 참가율 상승에도 참가율이 낮은 고령층 비중이 높아져 전체 참가율은 하락할 전망이다.

반면에 15세 이상 취업자는 2030년까지 98만 4000명 증가하나 저출산과 고령화 영향에 따라 2025년을 정점으로 줄어들 전망이다.

산업별로는 서비스업 중심의 취업자가 113만 1000명 증가하고 제조업 취업자는 2000명 감소세로 돌아서는데, 보건복지업은 급속한 고령화로 돌봄 수요가 지속적으로 늘어나면서 가장 큰 폭의 증가가 예상된다.

또한 정보통신업과 전문과학기술은 디지털 뉴딜 등 기술혁신 및 정부 정책의 영향으로 증가되고, 숙박,음식점업은 코로나19로 비대면서비스 전환 가속화로 증가세가 둔화되며 전통서비스업인 도소매업은 자동화, 온라인화 및 제조업 둔화로 감소가 전망된다.

대체 가능성 높은 직업 줄어들 전망

　제조업은 인구감소, 무역분쟁, 급격한 기술혁신 등으로 고용이 소폭 감소하나 디지털 전환 등 정부정책 수혜여부와 글로벌 경기 영향에 따라 세부 업종별 고용증감은 다르게 나타날 것으로 보인다.

　전자는 메모리와 반도체 생산 증가로, 전기와 화학 업종은 축전지 및 소부장 관련 소재 및 설비 수요로 증가하고, 고용 규모가 큰 자동차,트레일러는 친환경차 개발 및 상용화 확대로 내연기관 부품 중심으로 크게 감소할 것으로 보인다.

아울러 의복과 섬유, 금속가공, 1차 금속, 인쇄 등의 산업도 지속적인 구조조정으로 감소할 전망이다.

한편 직업별로는 고숙련 중심의 전문가가 60만 9000명 크게 증가하며, 서비스직과 단순노무, 사무직 등도 늘어난다. 이와 함께 전문가는 보건 및 사회복지, 전문과학 관련 직업을 중심으로 증가한다.

반면 현재도 감소하고 있는 판매직은 고령화 및 비대면화 등의 영향으로 지속적으로 감소하고, 기능원과 기계조립도 자동화 등의 영향으로 줄어들 전망이다.

전체적으로는 디지털 혁신으로 경제성장이 가속화되면서 2035년에는 기준전망보다 15만 4000명이 추가로 증가할 것으로 전망된다.

이에 앞서 초반에는 빠른 디지털과 자동화로 취업자 수가 기준전망보다 적지만 2026년 이후 성장률 효과 등으로 가시화되며 기준전망보다 많아지고, 2028년 이후 완만한 속도로 둔화될 것으로 보인다.

산업별로는 정보통신기술 관련 산업을 중심으로 취업자 수가 기준전망 대비 크게 증가하나, 도소매업과 숙박·음식점업, 자동차, 운수업 등은 감소할 것으로 보인다.

정보통신 및 전문과학 등은 자동화에 따른 대체보다 산업 성장으로 설비 투자 및 수요가 크게 늘며 증가가 확대되고 도소매, 자동차, 운수업 등은 성장보다 자동화와 트렌드 변화 등이 크게 나타나며 감소가 확대될 것으로 예상된다.

직업별로는 성공적인 디지털 혁신과 고령화로 관련 전문직, 보건복지 서비스직은 증가하나 일자리 대체 가능성이 높은 직종은 감소할 전망이다.

전문과학 및 정보,통신 등 디지털 전환의 영향을 받는 업종 전문직과 고령화로 인한 보건복지 등 관련 서비스직을 중심으로 고용이 늘고 판매직, 기계조립, 단순노무 등의 온라인화와 자동화로 일자리 대체 가능성이 높은 직업은 줄어들 것으로 보인다.

한국 저 출생 해법 찾지 못해 막다른 길

세계은행에 따르면 우리나라의 출생률은 0.84로 세계 최하위(200위)였다. 홍콩은 0.87명으로 199위, 일본이 186위(1.34명), 이탈리아는 191위(1.24명) 등이었다. 일본 〈니혼게이자이신문〉도 최근 "한국이 저출생 해법을 찾지 못해 막다른 길에 몰려 있다"고 진단했다.

우리나라 인구 감소와 관련 급속한 고령화로 노인 부양에 따르는 부담이 커지는 것은 문제임에 틀림없다.

2021년 생산연령인구 100명당 부양해야 할 고령인구(만 65세 이상 인구) 비율을 나타내는 노년부양비가 23.6으로 상승했다. 생산연령인구 4명당 노인 1명을 부양해야 한다는 의미다.

유소년인구(0~14세 인구) 100명에 대한 고령인구 비율을 의미하는 노령화지수는 143.0으로 10.5나 뛰어올랐다.

1년 단위 조사가 시작된 2016년 이후 최대 증가 폭이다.

2021년 외국인을 포함한 우리나라 총인구가 대한민국 정부 수립 이후 처음으로 감소했다.

최근 통계청 발표에 따르면 2021년 우리나라 총인구(11월 1일 기준,등록

센서스 방식)는 5173만 8000명으로 1년 전보다 9만 1000명(0.2%) 줄었다.

총인구가 감소한 것은 대한민국 정부 수립 이듬해인 1949년 센서스 집계가 시작된 이래 72년 만에 처음이다.

인구성장률은 1960년 3.0%로 정점을 찍은 후 줄곧 하락하면서 1995년부터는 1% 미만으로 떨어졌고 2021년 사상 처음으로 마이너스 성장을 기록했다.

통계청은 "인구 자연 감소가 이어지는 가운데 코로나19의 영향으로 일시 귀국했던 내국인 인구가 다시 유출되고 외국인 인구도 줄어들면서 2021년 총인구가 감소했다"고 설명했다.

더 심각한 것은 인구 감소에 따른 지역소멸이다.

2021년 수도권을 제외한 중부권, 호남권, 영남권 인구가 모두 감소했다. 수도권 인구는 전년 대비 0.1% 늘면서 유일하게 증가했다.

수도권 인구 비율은 2019년에 처음으로 50% 선을 넘어선 뒤 계속 올라가는 추세. 2021년에도 우리나라 총인구의 절반(50.4%)은 수도권에 거주한 것으로 집계됐다.

17개 시,도 가운데는 울산(-1.3%) 인구가 가장 큰 폭으로 감소했고 세종(3.5%) 인구가 가장 크게 늘었다. 시,군,구별로는 229개 시,군,구 가운데 170곳의 인구가 줄고 58곳만 인구가 늘었다.

세계에서 유래가 없을 정도로 고령화 진행

우리나라는 세계에서 유래가 없을 정도로 고령화가 진행되는 가운데 인구 절벽의 우려가 심각한 수준에 이르고 있다.

몇 년 후에는 65세 이상 인구 비중이 20%를 넘어서는 초고령 사회로 진입하게 된다.

2030~2035년에는 65세 이상 인구 비중이 26%수준에 다다르게 되며 OECD 선진국 평균인 23.1%를 넘어서게 된다.

노동 시장의 중핵 취업 연령인 25세~54세 이상 인구는 2050년에는

2010년 대비 54% 까지 줄어들 것으로 전망된다.[30]

저 출산으로 인한 우리 경제의 마이너스 성장률 기록은 시간문제 이다.

청년인구 감소로 인한 노동 수급의 불균형, 고령자 관련 재정지출 증대에 따른 세부담 등이 마이너스 성장에 가속 페달을 밟을 것이다.

향후에도 지속적인 경제성장을 달성하고 국민 행복을 공유하기 위해서는 고령화 시대의미를 파악하고 대비책을 마련하는 것이 중요하다.

저 출산 대책 시급

저출산 대책은 크게 양성평등 환경조성, 자녀비용 경감, 보육환경 개선의 세가지로 우선 구분할 수 있다.

OECD 20개국에 대한 실증 분석결과 출산율 제고에 가장 큰 영향을 미치는 것은 양성평등 환경 조성으로 나타났다.

남녀간에 얼마나 일자리가 평등하게 주어지며 육아나 가사부담을 가진 여성이 취업하기 쉬운 고용형태가 얼마나 제공되는가 하는 것이 출산율 제고에 큰 영향을 미친다는 것이다.

그 다음은 자녀 비용 경감으로 다자녀 가정에 대한 충실한 지원이 출산율을 제고할 수 있다는 것이다.

마지막으로는 보육환경 개선으로 출산율에 미치는 영향은 앞서 두 가지 보다는 상대적으로 적은 것으로 보여 진다.

30 　유엔은 65세 이상 고령자 비율이 7% 이상이면 고령화 사회, 14% 이상이면 고령사회, 20 이상이면 초고령 사회로 지칭. 최숙희 외 '한일고령화 현황과 파급효과'(Issue Paper) 삼성글로벌리서치, JRI공동연구. 2007.

지금까지 우리나라에서 추진되고 있는 출산율 제고 정책은 주로 자녀비용 경감이나 보육환경 개선책으로 양성평등 환경이 조성되지 않을 경우 출산율제고 정책이 획기적인 효력을 발휘할 것으로 기대하기 어렵다.

지금이라도 양성평등 환경개선을 중점 과제로 하고 보완적으로 자녀비용 경감과 보육환경 개선을 강구하는 종합 대책이 필요하다.

양성평등 환경 개선을 위해서는 육아 휴직 제도를 더욱 활성화하고 탄력근무제 등 고용 환경의 유연성을 높여 나가야한다.

고용관련 제도나 관행 개선은 민간 기업 차원에서 이뤄지므로 기업이 자발적으로 인센티브 등 기업 환경 개선에도 노력을 기울여야 한다.[31]

결혼기피 현상, 출산율 하락의 가장 큰 요인

결혼기피현상은 1990년대 이후 합계 출산율 하락의 가장 큰 요인이 되고 있다.

즉 IMF 이후 팍팍해진 우리 삶이 출산율 저하를 자극한 것이다.

청년층의 소득 및 고용불안과 높은 주택 가격이 과다한 비용을 초래하는 결혼을 기피하게 됐고 이는 출산율 저하로 직결된 것이다.

결혼과 출산으로 이어지는 부담은 사회활동을 하는 여성의 경력 단절을 불가피하게 초래했고 기혼 여성에게 주는 교육비, 보육부담 스트레스는 불에 기름을 붓는 역할을 하고 있는 셈이다.

원인과 문제점이 극명하면 대책마련도 어렵지 않다.

---

31 고령화시대 도래의 경제적 의미와 대책 2002.12 삼성글로벌리서치 이은미 연구원 엄동욱 수석연구원

먼저 파격적인 경제적 인센티브를 출산 시 제공해야 한다.

일테면 사회보험 개혁, 교육비의 세액 공제 확대, 상속세율을 자녀수에 따라 대폭 인하하고 3자녀 이상 가구의 고등학교 학비 무상지원 등을 고려해야 한다.

결혼 촉진을 위해서는 소득 공제 중 결혼 공제 항목을 확대하고 신혼 부부 대상 주택 보급을 중산층에게 까지 확대하는 과감한 조치가 필요하다.

출산이 우대받는 사회 풍도 조성해야

그런데 인간의 삶 속에서 이루어지는 이 같은 문제가 제도만으로 해결이 쉬울까.

정책이나 도덕적인 책임을 강조한다고 문제가 해결될까.

저 출산으로 인한 급격한 인구 감소가 심각하다면 우리 모두 발상의 전환을 해야 한다.

출산이 우대받는 사회 풍도를 조성해야 한다.

단기적인 생색용 대책 보다는 실질적이고 장기적인 대책이 필요하고 출산의 가치에 대한 사회적 합의와 다양한 경로를 통한 가치관 전달이 필수적이다.

우리 주변 보통의 삶을 살고 있는 다자녀 가족의 희노애락을 가감 없이 우리 문화 속에 가치있게 젖어들게 하자.

 우리의 삶 속에서 황금만능주의를 벗어나고 말 그대로 주어진 현실 속에서 웃음꽃이 피는 건강한 가족의 모습이 최고의 시대 가치가 될 수는 없는가.

 그러한 가족의 웃음꽃에는 투기를 전제로 한 고층아파트와 부모 찬스로 얻은 고액 과외와 기름진 음식, 유명브랜드 옷 그리고 통념상의 사회적인 지위 직업이 얼마나 담겨 있을까.

 옛말에 '부모 복' '자식 복'이라는 말이 있다.

 운이 상승하는 시기에는 부모는 자식을 살피고, 자식도 부모를 살피지만, 운이 하락하는 시기에는 자기 살기에 급급하여 주위를 살필 여유가 없

Ⅲ. 저 출산 인구 절벽 벗어나기

다는 말이다.

여기에 운=국운, 부모=대한민국, 자식=우리사회 젊은 세대, 또는 신혼부부라고 대입해보자.

모골이 송연하지 않은가.

인구절벽의 위태로움이 느껴지지 않는가.

이 시대를 살아가는 많은 어른들이여. 노블리스 오블리제여, 아이 낳기를 두려워하는 젊은이들을 위해 '부모 복'이라도 듬뿍 주자.

그래서 나라를 살리자.

이것이 필자가 글을 쓰는 이유이다.

고령화 시대 의미와 대책

고령화 시대 도래가 불가피하다면 의미와 파급효과, 대처방안을 미리 새우는 것이 현명하다.

다음의 내용은 삼성글로벌 리서치 'Issue Paper' 중 '고령화 시대 도래의 경제적 의미와 대책' 보고서의 주요 내용을 인용했다.

우리나라의 인구 고령화 정도는 세계에서 유래가 없을 정도로 빠르게 진행되고 있다.

상황이 이렇다보니 최근 고령화와 관련된 정책에 대한 관심은 높아지고 있으나 선진국 경험을 바탕으로 한 본격적인 정책 대안 논의는 미흡한 실정이다.

고령화에 따른 대응방안은 먼저 우리나라의 고령화 특성을 살펴보고 고령화 사회도래의 경제적 의미와 개인의 소득 소비 형태에 미치는 영향을 분석해야 한다.

그런 연후에 노후 소득 보장을 위한 중고령 인력의 효과적인 활용 등 어르신 취업 활성화 방안을 살펴보고 장기적으로 장기요양보험, 노인관련 레저, 주택산업 등 실버산업 육성 방안 및 어르신들의 문화 여가활동 사회 참여 활성화 방안을 모색해야 한다.

고령화 진전에 따른 인구구조의 변화는 경제사회전반에 큰 영향을 끼친다.

노동 공급 측면에서 고령화 진전은 생산가능 인구 감소, 노동생산성 저하 등 경제성장의 둔화 요인으로 작용한다.

2000년 기준 전체 인구 중 생산가능 인구(15~64세) 비중은 71.4%이나 고령화 사회로 전환된 2030년에는 64.6% 수준으로 감소가 예상된다.

물론 고령화 진전에 따라 생산가능 인구 자체도 고령화 된다.[32]

고령 사회, 경제 성장 둔화 요인

현재는 고령화에 따른 부정적 영향이 노동생산성 향상, 여성의 경제활동 참여 증가 등으로 상쇄되고 있으나 향후 취업자수 감소가 이를 상쇄할 만한 노동 시장의 변화가 없을 경우 경제성장의 둔화요인으로 작용하게 된다.

자본 공급면에서도 고령화의 진전은 저축율 하락으로 인한 가용자금 감

---

[32] 2002. 12. '고령화 시대 도래의 경제적 의미와 대책' 이은미 연구원, 엄동욱 수석연구원. Issue Paper.

소와 투자 위축을 초래한다.

또 다른 측면에서는 고령화의 진전으로 고령층 생활을 지탱하는 새로운 산업 비중이 확대되고 어르신이 소비의 중심세력이 된다.

실버 비즈니스 시장이 급성장하며 건강 의료 복지서비스 확대와 어르신 관련 레저 주택 산업의 다양화가 이루어진다.

이에 따라 민간 기업들이 너도나도 고령자를 수요 대상으로 무한한 잠재수요 개척에 나설 것으로 예상된다.

한편 고령화의 진전으로 사회적으로 부양해야할 인구는 증가하는 반면 경제적으로 부양을 담당할 근로계층 비중은 감소하게 된다.

생산가능 인구 100명당 부양해야하는 고령인구 비율은 2000년 10.1명에서 2010년 14.8명, 2030년에는 35.7명으로 급증할 전망이다.

또한 핵 가족화의 급진전으로 가족 의존적 노후보장체제가 축소되고 노년층 부부가구 및 1인가구가 대폭 증가, 자립형 노후 보장이 가능한 소득 원천의 발굴과 유지가 필요하다.

노령인구의 증가는 부양비 증가뿐만 아니라 미래세대에 대한 투자 규모를 감소시킴으로써 세대간 갈등을 초래할 우려가 있다.

즉, 부양비율의 급격한 증가는 노인 부양을 위한 사회비용을 증가시킴으로써 생산 가능인구인 젊은이들이 저항할 우려가 크다.

또한 노후대비 저축 비중이 커져 미래세대에 대한 투자자체가 감소하게 될 전망이다.

여기에서 고령화세대 초입에 들어 선 베이비부머 세대의 생각을 들어보자.

변화하는 노후 준비 트렌드

 다음은 지난 2013년 월간 문화복지공감저널 3호에 이태수씨가 쓴 '변화하는 노후 준비 트렌드' 라는 제하의 기고문이다.

 최근 베이비붐 세대의 대량 퇴직이 본격화되면서 우리사회 전반의 노후 준비에 대한 관심이 상당히 높아졌을 뿐만 아니라 그 요구도 상당히 구체화되고 있다.
 게다가 저성장과 저금리가 장기화되면서 소득은 줄어들고 노후자금 운용도 만만치 않아 지면서, 지금껏 고도 성장기에 눈높이를 맞춰왔던 노후 준비 대책도 저성장 시대에 맞게끔 손질하지 않으면 안 되게 됐다.

따라서 요즘 들어 눈에 띄게 변화하는 노후준비의 트렌드를 일목요연하게 정리해볼 필요가 있다.

먼저 주목해봐야 할 것은 수명 연장에 따른 노후 준비 방법의 변화다.

의료기술과 보건기술의 발달로 이젠 '인생 100세' 라는말이 진부하게 들릴 정도로 인간수명이 빠른 속도로 증가하고 있다.

그런데 수명이 늘어나면서 노후생활 기간도 덩달아 늘어나 은퇴자들의 시름이 깊어지고 있다. 요즘 은퇴자들은 '내가 먼저 죽느냐, 아니면 돈이 먼저 떨어지는가' 를 두고 고민한다고 한다.

이같은 '무전장수 리스크' 가 부각되면 될수록 '종신형연금' 이 크게 각광받을 것으로 보인다.

종신형연금은 연금가입자가 살아 있는 동안은 계속해서 연금을 수령할 수 있기 때문이다.

최근 국민연금 임의가입자와 주택연금 가입자가 크게 증가한 것도 수명 연장과 무관치 않아 보인다.

국민연금은 가입자가 사망할 때까지 연금을 수령할 수 있을 뿐만 아니라 연금 수령기간 동안 물가상승률에 연동해 연금액이 인상되기 때문에 인플레이션위험에도 대비할 수 있다.

주택연금에 가입하면 부부 두 사람이 모두 사망할 때 까지 연금을 수령하게 되므로 장수 리스크에 효과적으로 대처할 수 있다.

불과 몇 해 전만 해도 노후 준비가 중요하다고 귀에 못이 박이도록 얘기해도 콧방귀도 뀌지 않던 사람들이 요즘은 제발로 찾아가 연금을 가입한다고 한다.

국민연금 임의 가입자가 이미 20만 명을 넘어섰을 뿐 아니라, 도입 5년 남짓 밖에 되지않은 주택연금가입자도 벌써 1만 명을 돌파했다.

수명이 늘어나면서 건강보험에 대한 재점검도 필요해졌다.

과거 평균수명이 짧았던 시절에 주로 판매됐던 건강보험은 대부분 80세에 보장기간이 끝난다. 이 경우 보험에 가입해 있다고 하더라도 80세 이후 질병이 발생하면 전혀 보장을 받지 못한다.

이는 마치 맑은 날은 항상 우산을 들고 다니다 정작 비 오는 날 두고 오는 것과 같은 꼴이다.

최근 사람들이 평생 보장이나 100세 만기 건강보험을 찾는 것은 이 때문이다.

경기침체에 따른 경제성장률 둔화와 저금리도 노후준비 방법 변화에 영향을 주고 있다.

저성장으로 소득과 함께 저축여력이 줄어들면서, 노후 준비 방법도 '더 많이 저축하자'가 아니라 '덜 쓰자'는 쪽으로 옮겨가고 있다.

노후 생활비를 줄이려면 매달 꼬박꼬박 들어가는 고정비용부터 줄여야 한다.

대표적인 예로 주거비용을 들 수 있다. 결혼해 자녀를 낳고 아이가 커가는 동안 주택규모를 키워나가는 게 당연하다면, 자녀가 독립해 가족 수가 줄면 집 크기를 줄이는 게 당연하다.

집 크기를 줄이면 당장 목돈이 생길 뿐만 아니라, 다달이 들어가는 생활

Ⅲ. 저 출산 인구 절벽 벗어나기

비도 줄고, 가사노동도 줄어드는 1석3조의 효과가 있다. 금융상품 선택도 신중해질 수밖에 없다.

우선 소득공제나 비과세 혜택을 받을 수 있는 금융상품 부터 가입해야 한다.

이 점에서 연간 400만원 까지 소득공제를 받을 수 있는 연금저축(펀드)에 대한 관심은 더욱 커질 것으로 보인다.

자녀대학 등록금이나 결혼자금에 필요한 목돈 마련이 목적이라면 올해부터 새로이 출시되는 재형저축에 관심을 가져볼 만하다.

특히 저금리 때문에 해외채권에 투자하는 경우 재형저축을 활용하는 게 좋다.

일반 펀드를 통해 해외채권에 투자할 경우에는 이자소득과 환차익에 대해 소득세를 납부해야 하지만 재형저축을 활용하면 이같은 세금을 납부하지 않아도 된다.

저성장과 저금리, 그리고 부동산시장의 침체가 계속되는 상황에서 금융자산이나 부동산 자산의 가치는 상대적으로 떨어지게 된다.

반대로 인적자본의 상대가치는 높아지게 된다.

즉 요즘 같은 시대엔 자신의 능력을 키워 현금 흐름을 얼마나 오랫동안 창출할 수 있느냐가 노후 준비에서 핵심적인 과제가 된다.

가장 훌륭한 노후준비는 '평생현역' 인 셈이다.

최근 증가하고 있는 귀농도 이 같은 관점에서 해석할 수 있다.

경기침체의 여파로 재취업 사정이 좋지 않은데다 자영업 시장도 포화상태라 창업도 만만치 않아지면서, 창업과 재취업의 대안으로 떠오르는 것이 귀농이다.

요즘 귀농하는 사람들은 단순히 전원생활의 향수를 만끽하려는 목적이 아니라 귀농도 사업이라는 비즈니스적 관점에서 접근하고 있다

고령화에 따른 가족관계의 변화 역시 노후준비 방법이 달라지고 있는데 영향을 미치고 있다. 우선 주목해야할 것이 1인가구의증가다.

지금 대한민국은 세집 건너 한집이 혼자 산다.

통계청 장래가구 추계에 따르면, 2012년 기준 대한민국 가구 중 25.3%에해당하는 453만 9000가구가 1인 가구로 나타났다. 이렇게 혼자사는 1인가구가 증가하면서 노후준비의 중요성은 더욱 커진다.

젊어서 혼자 살 때야 부양할 가족이 없어 편할지 모르겠지만, 나이가 들어가면서 부양해줄 가족이 없다는 사실에 불안해지기 시작한다.

결국 노후는 스스로 책임질 수 밖에 없다는 생각에 연금의 중요성은 갈수록 커질 것으로 보인다.

이뿐만 아니라 질병이나 상해를 보장하는 보장성보험의 중요성도 커질 수밖에 없다.

질병이나 사고는 치료비용도 발생시키지만, 치료받는 기간 동안 소득이 단절된다는게 더 큰문제다.

따라서 1인가구의 경우 보장성 보험을 준비할 때 병원비를 보장해주는 의료실비 보험과 함께 질병이나 사고 발생 시 거액의 보험금을 수령할 수 있는 정액보상보험도 함께 준비해둬야 한다.

최근 주택연금 가입자 수가 늘어나는 것도 가족관계 변화와 관계가

있다.

과거에는 자녀와 함께 살며 나중에 살던 집을 물려주는 경우가 많았지만, 요즘 부모들은 자녀와 같이 살지도 않을 뿐더러 자녀에게 노후를 기대겠다는 생각도 별로 없다.

노후에 자녀와 함께 살겠냐는 질문에 '그렇다'고 답한 사람은 열명 중 두명밖에 되지 않았다고 한다.

살고 있는 집 이외에 별다른 재산도 소득도 없는 상황에서 자녀에게 경제적으로 의지하지 않고 생활하려면 주택을 담보로 연금을 신청하는 것 이외에 별다른 도리가 없다.

이글에는 '변화하는 노후 준비 트렌드'와 관련한 고령화세대 진입을 앞둔 당사자의 고민이 절절히 담겨있다.

노년기의 소득 보장이 중요한 문제로 대두되고 있는 것이다.

생애주기설에 따르면 개인은 일생에 걸친 소비지출 패턴을 생애 소득 전체 크기를 고려하여 결정한다고 한다.[33]

위의 글을 통해 고령화 이후 자신의 인생을 설계하려는 마음가짐이 엿보인다.

---

33 2013. 04. 월간 문화복지공감저널 3호 opinion '변화하는 노후 준비 트렌드' 이태수

고령화는 이 시대 삶의 궤적

그러면 고령화시대 초입 들어선 베이비부머 세대의 대표격인 58년 개띠들의 생각과 삶을 들여다보면서 향후 전략적인 대응방안을 모색해보자.

그러기위해 2013년 6월 월간 문화복지공감저널 4호 특집기사 '시대의 변곡점 베이비부머 58년 개띠' 를 인용해보자

60대 장년기는 황혼세대의 진입을 알리는 스타트 휘슬이 울리는 세대로 치부된다.

과연 그럴까. 이 땅의 민주화, 경제발전의 주체, 사회 문화 발전의 연결고

리임을 자부했던 베이비부머 세대는 과연 이 같은 자연의 이치를 순순히 받아들이고 사회적인 소외세력-즉 '뒷방 늙은이'로서 얌전히 늙어갈까.

결론은 '절대 아니다' 이다.

높은 교육 수준과 경제발전의 동력으로서 살아 왔던 사회 경험. 신구세대를 이어주는 새로운 문화 창조자로서의 각성, 이 땅의 민주화 주체로서의 자부심 등이 그들을 '절대' 얌전하게 뒷방에 붙들어 놓지 못한다.

이들은 은퇴를 했거나, 은퇴를 앞두고 있지만 시간, 나이, 세월의 물리적인 황혼기를 거부하고 새로운 젊음-봄-을 찾아 나선다.

이들 베이비부머 세대는 '사오정' 과 '오륙도' 라는 비아냥을 거치면서 가정과 일속에 파묻혀 사회 경제적 급변혁기를 몸으로 겪으며 억지로 떠밀려나는 시대 상황을 못 견뎌한다.

그래서 그들은 말한다. 이제부터 시작이라고.

이들의 최대 이슈는 '자기실현' 이다.

이들은 과거 자신의 삶의 이미지를 현대 시대정신에 맞게 접목시키고자 노력한다.

오늘 자신의 삶의 궤적이 신세대와 고령화 세대를 이어주는 가교역할, 중간매개체 역할을 한다는 점을 잘 알고 있다.

따라서 이들은 흔히들 말하는 '샌드위치 세대' 를 거부한다.

위에서 치이고 아래서 받히는 그런 삶은 더 이상 살기를 거부 한다.

기왕 샌드위치 세대로 불린다면 '딜리셔스 샌드위치' 가 되기를 원한다.

딜리셔스 샌드위치' 가 그냥 샌드위치와 다른 점은 '꿈' 이 있다는 것이다.

여기서 꿈은 '새로운 문화 창조' 라는 말과 일맥상통 한다.[34]

문화 창조로 신구세대 연결하는 교량 역할

이들이 추구하는 문화는 금전적인 재테크 이상으로 중요한 노후 대비 수단이기도 하다.

다시 말하면 인터넷, SNS, 외국어, 예술 활동에 능하고 새로운 문화에 대한 왕성한 호기심 바로 이것이 이들이 새롭게 추구하는 금전을 넘어서는 보장자산인 것이다.

이들이야말로 우리 사회가 더욱 선진화되기 위해 필요한 '도덕적 정서' 와 '공익에 대한 관심' 을 가지고 신구세대를 연결하는 교량 역할을 '꿈-문화' 를 매개로 해낼 수있다는 자부심이 있다.

또한 베이비부머 세대들은 코카콜라 대프트 회장이 2000년 신년사에서 말한 다섯 개의 공 저글링 게임의 의미를 잘 알고 있다.

일, 가족, 건강, 친구, 영혼 다섯 개의 공중 유일하게 고무로 만들어진 공은 일이고 나머지 넷은 모두 유리공으로 되어 있다는 말이다.

다섯 개의 공을 떨어뜨리면 유일하게 튀어 오르는 것은 '일' 이라는 공 일뿐 나머지는 산산이 부서져 절대 돌이킬 수 없다는 것이다.

그래서 세월의 흐름에 따라 평생 직장이라는 온실에서 소외됐다 하더라도 그것으로 인한 정신적인 상처는 곧 털어버린다.

그것보다는 인생에서 가족과 친구, 건강과 맑은 영혼에 대한 가치를 높

---

34 2013. 6. 월간 문화복지공감저널 4호 특집기사 '시대의 변곡점 베이비부머 58년 개띠' 이병우 기자

이 평가하고 자신의 삶 속에서 이를 추구한다.

그러면 베이비부머세대의 대표명사로 불리우는 58년 개띠들이 과거 현재 미래 삶의 특성을 살펴보고 이 시대 문화 복지의 진로를 탐색해 본다.

우리시대의 자화상 58년 개띠

한국전쟁 직후인 1955년부터 산아제한이 발표되기 전인 63년까지 약 816만 명이 태어났다.

이는 총인구 대비 14.6%를 차지한다.

단군 이래 처음으로 출생아 수가 80만 명을 넘은 것은 58년. '58년 개띠'로 통칭되는 이들은 한국의 베이비 붐 세대를 대표한다.

다음해인 59년에는 82만 명이 태어났다. 이들의 인구는 58년생 보다 조금 더 많다.

그런데 이들이 왜 베이비 붐 세대의 대표가 됐을까.

그것은 58년생의 삶의 정점에서 정치 경제 사회 문화적인 측면에서 급격한 변화가 있었기 때문이다.

즉 그들이 주역이었던 내는 우리 사회의 마디마디가 변곡점을 많이 그렸다는 것에도 기인한다.

58년생들의 생각에는 부모 세대와의 괴리감 또한 많이 나타난다.

　이남희 소설가는 "부모님들이 전쟁을 겪은 세대이다 보니 그것을 경험하지 못한 우리와는 인식의 차가 컸다"고 지적했다. 그의 소설 '사십세'에는 그 감정 선이 잘 나타난다.

　아버지가 살아온 시대는 슬펐다. 1차 대전 말기에 태어나 수탈당하는 나라의 국민으로 자랐으며 두 번의 전쟁을 겪어야만 했다. 2차 대전과 6.25 그뿐만 아니다. 8.15 광복이 있었고 좌우의 대결 속에서 이승만 정부가 수립되는 것을 보았다.

　아버지로선 유일한 회고담. '김구 선생 장례식에선 이걸로 끝이구나 싶어서 나까지 눈물이 핑 돌았다.' 그리고 4.19가 있었고 5.16유신… 한 사람의 생애에 다 담아내기엔 너무나 많은 격변 아닌가? 그런데 5.16 근처에서 말을 더듬거리기 시작하고 박정희가 죽은 해에 대학 졸업논문을 썼던

Ⅲ. 저 출산 인구 절벽 벗어나기　　171

나는 아버지 세대가 잘못 살았기 때문에 우리 역사가 비뚤어진 거라고 대들곤 해왔다."

이처럼 58년생들의 부모세대와의 세상을 보는 관념의 차이는 청소년기부터 뿌리를 내리기 시작한다.

평등과 자유를 체험한 학창시절

58년 개띠들의 청소년기는 한마디로 평등과 관련이 깊다.

소위 '뺑뺑이 입시'라고 불리는 고등학교 입시의 첫 번째 평준화 세대가 바로 이들이다.

청소년기 치열한 고입경쟁에서 해방되고 명문고라는 굴레를 벗어난 그들은 획일화된 학교생활을 하면서도 다양한 가치관을 가진 친구들과 어울리며 다양한 경험을 쌓게 되고 타의적인 평준화에 따른 것이긴 하지만 평등이라는 개념을 몸소 체험한다.

청년기의 시작인 대학은 77학번으로 시작한다.

정치적인 속박으로 부터의 자유에 대한 갈망을 절실히 외치며 민주화 시대의 희망과 절망을 동시에 경험한다.

유신 시대의 퇴장과 5공화국의 등장이 바로 그것이다.

이 시기 대부분의 베이비부머 세대들은 4~5차례 대학이 휴교를 당하는 경험을 했으며 개인들의 완성된 삶 보다는 더불어 사는 삶 소외계층의 삶에 대해 많은 것을 자연스럽게 학습하고 고민한다.

일부는 민주화 현장으로 일부는 노동현장으로 나 보다는 우리라는 삶과 그 가치를 존중하며 사회적인 책임감을 실천하기도 한다.

 일반 대학생활에서도 선배들로부터 일종의 규율인 단체기합을 심하게 경험하지만 이와는 반대로 후배들에게는 대물림하지 않는다.

 그 보다는 토론과 논쟁으로 합리적인 대안을 만들어 내는데 익숙하며 386시대를 열어가는 초석의 역할을 한다.

 학창 시절 장발과 미니스커트 단속이라는 매우 특수한 사회 문화 환경을 겪으며 이에 대한 반작용으로 서구문화인 락과 히피 문화를 동경하기도 한다.

 많은 '금지곡' 금서' 등이 양산돼 이 시대 문화의 특징으로 자리 잡았으며 이러한 음반과 도서는 오히려 젊은 층에게 각광 받으며 저항문화가 시대적인 문화의 흐름을 주도하기도 했다. 이 결과 당시 젊은이들로 하여금 문화 창조자로서의 자각과 자부심을 일깨워 주었다.

서른 살, 6월 항쟁 넥타이부대로 등장

 사회 초년병이던 58년 개띠들이 서른 살 되던 87년 6월 항쟁이 있었다.

 회사에서 일하던 사원들은 넥타이를 맨 채 거리로 쏟아져 나왔고, 이들의 가세는 민주화를 앞당기는 데 기여하게 된다.

 학창시절 경험한 민주화의 욕구는 광주항쟁의 좌절 속에서 아픔을 씹으며 식지 않았고 이것이 넥타이부대로 새롭게 등장해 우리사회 중산층의 민주화요구 분출의 도화선이 된다.

 58년 개띠 직장인들은 태어난 직후부터 치열한 경쟁 속에 살아온 경험

자체가 사회초년병으로서 적응하는데 큰 경쟁력이 됐다고 입을 모은다.

그들은 같은 또래 수가 많고, 예비고사와 본고사를 역대 가장 높은 경쟁률 속에서 치르며 대학에 들어갔다.

성공하기위해 약육강식의 기업세계에서 개처럼 일했고, 선택의 순간마다 특유의 끈질김으로 살아남았다.

58년생들은 "평준화로 수평적 사고를 할 수 있었다.

어느 세대보다 경쟁이 심한 탓에 자립심과 역경을 헤쳐가는 의지도 남달랐다" 고 말한다.

58년 개띠들은 오만 가지에 관심을 갖지만 일단 어떤 분야에 집중하면 외골수 기질을 보인다. 어찌 보면 모순된 듯한 이런 개띠의 특성이 오늘날 베이비부머 세대의 대명사로 불리우는 이유인 셈이다.

반면에 경쟁의 연속이다 보니 개인보다는 조직, 가정보다는 회사를 우선으로 여기며 살아온 경우가 대부분이다.

58년생들은 가정을 일으켜 풍요로움을 확보하고, 사회를 바로잡기 위해 성공해야 한다는 것이 젊은 시절 대부분의 목표였다.

그 성공을 쟁취하려면 자신의 모든 것을 투자하는 게 당연하다고 여겼다.

58년 개띠는 선배 세대들처럼 가정을 뒤로한 채 회사에 충실하고, 경제발전의 주역으로 살아왔지만 한국 사회의 산업화 과정에서 부를 축적하지 못한 세대로 기록된다.

마흔 살, IMF 직격탄으로 조기 퇴장

마흔 살이 되던 해, 이들은 외환위기를 맞아 사업의 실패 그리고 조기퇴직과 정리해고의 아픔을 맛봤다.

직격탄을 맞은 그들은 회사뿐만 아니라 가정에서 사회에서 한동안 소외 당하는 고통도 느껴야만 했다.

한 번 들어간 회사에 뼈를 묻던 시절에 입사한 그들은 당시 살아남은 사람들조차도 그 이후 세월이 지나면서 대부분 정리해고, 명퇴 라는 이름으로 내쳐졌다.

이 시기 요새말로 자신의 의지와는 전혀 다른 멘붕을 경험한 것이다.

앞만 보고 달려온 그들은 마흔이라는 애매한 나이에 직장을 잃고 기업의 중견 간부로서의 무대에 제대로 서보지도 못한 채 퇴장해야하는 비운의 주인공이 돼버린 것이다.

이 시절을 회고하면 대부분의 58년 개띠들은 "암만 생각해도 울화통이 치민다. 우리나라 경제발전을 위해 젊은 시절 밤 낮 없이 일해 온 우리가 왜 퇴출의 1순위가 돼야하는가 하는가. 그렇다고 어디 한군데 하소연할 데도 없더라" 고 털어 놓는다.

유독히 58년 개띠들이 자영업자 개인사업자가 많은 이유가 여기에 있는 것이다.

기러기아빠 58년 개띠

자녀에 대한 헌신과 사랑이 어느 세대보다 크고 깊었던 것도 바로 이들이다.

본인 스스로 제대로 교육받지 못한 데 대한 한이 큰 만큼, 자녀의 대학 진학까지 또는 가능하다면 해외유학까지 책임지는 게 부모의 몫이라고 생각하기 때문이다.

글로벌마인드를 이해하고 있는 그들인 만큼 좁은 한국 땅에서 치열하게 경쟁하고 살아온 그들 스스로의 삶에 비추어 자식만큼은 넓은 세계에서 그들과 경쟁하며 새로운 삶을 개척해 나가기를 원한다.

그래서 스스로 기러기 아빠라는 굴레 속에서 개인적인 희생도 마다하지 않는다.

여기엔 아들과 딸의 차이가 없었다. 58년 개띠가 본격적으로 결혼하고 아이를 낳기 시작한 1980년대는 아들 신호사상과 산아제한 정책이 기승을 부렸던 시기다.

당시 가족계획 표어는 '잘 키운 딸 하나, 열 아들 안 부럽다' 였다.

이렇게 자식에게 헌신했지만, 58년 개띠들은 "노후에 자식에게 기댈 생각은 전혀 없다" 고 한목소리로 말한다.

개인마다 노후 준비 상황은 다르지만 이 생각만큼은 같다. "우리는 집도 있고 보험도 들어놓는 등 앞 세대에 비해 영악해졌다" 며 "우리가 부모를 부양하는 마지막 세대이자, 자식에게 부양받지 못하는 첫 세대인 걸 잘 알고 있기 때문" 이라고 말한다.

고령화시대의 주역으로 거듭나야

작가 한비야씨는 그의 글에서 "내가 58년 개띠라는 것도 마음에 든다. 특징 없는 57년 닭띠나 59년 돼지띠보다는 말도 많고 탈도 많고 동호회도 많은 58년 개띠라서 좋다.

58년생은 베이비붐 1세대의 개척자라느니 특이한 인생을 사는 사람이 유난히 많다느니 하는 갖가지 사회학적 분석이 있지만 좌우간 우리 1958년생들은 초면이라도 단지 58년 개띠라는 이유만으로 서로 매우 반가워하며 단박에 가까워진다." 고 말한다.

그런 만큼 58년생들에게 이 사회가 거는 기대가 크다.

고령화시대의 뒷방늙은이로 머무르기보다 뉴실버세대로서 사회 발전을 위한 적극적인 역할을 해주기를 바란다.

높은 도덕성과 책임감으로 다시 뭉쳐서 우리 사회의 귀감이 되고 우리사회의 그늘을 걷어내는 등불이돼 주기를 바란다.

노블레스 오블리주 정신으로 무장한 사회 지도층으로서 다시 전면에 나서 우리사회 곳곳에서 중심을 잡고 실천적 활동을 펴 나갈 때 우리 사회의 모습은 얼마나 건강하고 희망적일까.

젊은이에게는 희망과 꿈을 주는 이 시대 진정한 사표를 보여줘야 한다.

중장년에게는 함께 뜻을 나눌 수 있는 동지이자 귀감으로 어르신에게는 인생의 보람된 결실로 남을 수 있는 그러한 인물로 거듭나기 위해 58년 개띠는 각성해야 한다.

과거 민주화와 경제발전을 이룩한 주역으로서 이제는 시대의 과제인 복지를 새로운 화두로 삼고 함께 고민해야 한다. 이러한 58년 개띠들의 모습을 시대정신이 요구하고 있는 것이다.

그러면 58년생 각자의 삶속에서 우리나라정치, 경제, 사회, 문화가 어떻게 변모해 왔는지 그들의 생각을 직접 들어보자.

정치 격변기 몸으로 체험한 민주주의 세대

58년 개띠의 삶 [정치적환경] 신근수 (58년생. 사업)

58년 개띠 세대가 살아온 정치적인 환경은 한마디로 변혁기이다.

군사정권 등장이후 유신으로 시작해 5공, 6공을 거치면서 문민정부 수립이후 현재에 이르고 있다.

70년대 80년대 학창시절 전체를 군사정권 하에서 보냈고 소위 교련. 문무대 입소 등 군사집체교육과 정치성을 띤 다수의 사회 문화 정책 하에서 청소년기, 청년기를 보냈다.

또한 아픔으로 점철된 부산, 마산, 광주 민주화 항쟁을 경험한 불우한 세대이기도 하다.

그러나 58년 개띠는 끊임없는 갈등과 저항 속에서 격변기를 몸소 체험하며 끝내는 민주주의를 이 땅에 꽃피운 매우 정치적인 세대로 정의된다.

사회초년병 시절에도 소위 넥타이부대를 이끌며 반독재 저항운동을 계속했다.

당시 '점심 식사 후 데모 한번' 이라는 말이 유행할 정도로 화이트컬러 세대의 민주화 운동은 거셌다.

정해진 시각에 자동차 경적 울리기 퇴근 후 가구 내 소등하기 등 사회 민주화 운동은 퇴근 후 아예 소등 후 지역 내 친구들과 삼삼오오 모여 친목 행사를 가지기도 했다.

비폭력을 준수하며 이 같은 합리적이고 유쾌한 민주화 운동은 끝내 6월 항쟁으로 결실을 맺었고 대통령 직선제라는 민주화의 토대를 닦게 되었다.

이러한 자율적인 시민운동은 우리사회의 정치적인 발전을 매우 빠르게 이루어 냈다.

한강의 기적이라는 경제성장에 이어 피워낸 민주주의의 꽃은 세계 여러 나라들로부터 찬사와 부러움을 받았다.

풀뿌리 민주주의인 지방자치제도가 실시되었고 가정에서도 자신 있게 자녀들에게 민주주의 교육을 시켰다.

이처럼 58년 개띠로 대표되는 베이비부머 세대들의 삶 속에서 터득한 정치의식은 우리사회 곳곳에 알게 모르게 영향을 미쳤다.

'정치가 잘 돼야 국민이 행복하다' 라는 말이 국가적인 컨센서스를 이루게 되었고 국민 개개인의 의사와 개성이 존중 받게 됐다.

이러한 사회적인 분위기는 이들의 자녀세대인 촛불 소녀들이 시대의 양심에 불을 지피는 결과에 까지 이어졌고 일부 58년 개띠 부모들은 자녀들의 촛불시위를 통한 정치의식 함양을 긍정적인 눈으로 바라보기도 했다.

다시 말해 힘겹게 이루어낸 민주의식이 이 땅에서 괴물스럽게 변형되지 않기를 절절히 바라며 합리적인 시민의식 함양이야말로 민주주의의 든든한 보루가 될것이기 믿었기 때문이다.

58년 개띠 - 이들이 정치 구성원으로서의 현대사에서의 삶은 매우 굴곡

져있다.

눈물과 한숨이 묻어나며 감동과 성취감이 존재한다.

그들은 이러한 정치적인 삶 속에서 그들 스스로 약속한 합의은 '국민은 평등하게 존중 받아야 한다' 이다.

이는 이시대 복지의 키 포인트이며 이러한 새로운 복지시대를 열어가는데 58년 개띠들이 일조할 것으로 믿는다.

산업화의 막내 디지털 시대의 이민자
58년 개띠의 삶 [경제적환경] 오규칠 (58년생. 직장인)

58년생은 경제사적으로 종전 후 매우 피폐했던 시절에 태어난 베이비부머세대의 대명사로 불리 운다.

대부분 형제들이 3~5명 있으며 대부분의 집안사정은 넉넉지 못했다.

학창시절을 보냈던 대부분의 시기가 GNP 2,000달러 미만의 피원조국이었고 베트남전참전, 중동개발, 한강의 기적을 몸소 체험한 세대다.

대학 졸업 후 비로소 GNP가 2,000달러를 넘어섰고 한강의 기적을 이룬 산업화의 마지막 열차를 탔다.

이후 88올림픽을 지나면서 GNP 5,000달러를 넘어서게 됐고 이후 승승장구 하면서 경제발전의 주역으로 부상한다.

그러나 1997년 이들이 40세 되던 해 외환위기를 겪게 되고 경제 암흑기 IMF 해일이 밀려 오면서 모든 것을 송두리째 잃어버리게 된다.

사업실패 강제해직 등 직격탄을 58년생 그룹들은 물론이고 당시 살아남

앉다고 해도 몇 년 못가 또다시 명퇴 등 실직의 아픔을 겪는다.

이를 두고 세간에는 58년 개띠가 산업화의 마지막 세대로서 충성을 다했으나 부는 축적하지 못한 속빈강정세대라고 비아냥대기도 한다.

이어 개막된 IT시대에서도 주변인으로서 머물게 된다.

1998년 초고속 인터넷 망이 설치되고 불과 4년 만에 1000만 회선이 깔리면서 한국은 디지털 시대로 접어들었다.

디지털 네이티브인 20, 30대에 비해 50대는 디지털에 무지하며 기껏해야 디지털 이민자 또는 이방인에 머문다.

한국 벤처 붐이 일어난 것은 1990년대 후반. 이때 IT벤처를 이끌고 오늘날 굴지의 IT기업을 선도한 이들은 40대 초반이다.

58년 개띠가 산업화 시대의 마지막 주자지만 다가온 디지털 시대의 첫차를 타는 데는 늦었다는 평가도 여기서 나온다.

그들은 산업화 시대의 막내로서 1980년 한국 경제성장을 이끌었지만 과연 21세기 디지털 시대에서 나름의 몫을 할 수 있는지는 여전히 고민해야 할 문제다.

비즈니스 환경이 급변하는 상황에서 과연 기존의 산업사회 주역이 얼마나 경쟁력을 가질지는 의문인 상황이다.

하지만 그렇기 때문에 산업화 세대와 디지털 세대를 이어줄 중개자로서 58년 개띠의 역할이 중요하다는 지적이 제기된다.

58년 개띠는 아날로그와 디지털 측면을 함께 가지고 있기 때문이다.

디지털 세대가 나아갈 수 있도록 길을 닦아주는 것이 사명감으로 작용하고 있는 셈이다.

58년 개띠들은 달라진 시대에 좌절하기보다는 지금껏 그래왔던 것처럼 변화에 적극적으로 대응해 나가겠다고 한결같이 말한다..

오늘날도 젊은 시절 못지않게 치열한 경쟁과 극심한 변화가 되풀이 되고 있다.. 이런 환경에서 살아남기 위해서는 58년 개띠들이 다른 시각에서 문제를 바라보고, 늘 창의적으로 생각하는 것이 중요하다는 것이다.

평등의식 강하고 권위주의 거부
58년 개띠의 삶 [사회적환경] 김철중 (58년생. 사업)

58년 개띠들은 흔히 베이비붐세대의 대명사로 불린다.

한국전쟁 직후인 1955년부터 산아제한이 발표되기 전인 63년까지 약 816만 명이 태어났다. 이는 총인구 대비 14.6%를 차지한다.

단군 이래 처음으로 출생아 수가 80만명을 넘은 것은 1958년. 이후 '58년 개띠' 로 통칭되며 사회 변화의 분기점을 나타내는 관용어구로 사용된다.

그러나 출생인구 차원에서 58년생이 가장 많은 것은 아니다. 이듬해인 59년에는 82만 명이 태어났다.

그런데 이들이 왜 베이비 붐 세대의 대표가 됐을까.

그것은 그들이 태어난 후 약 10년 마다 주기적으로 커다란 사건이 있었으며 그것이 우리나라 전반의 사회지도를 바꾸었기 때문이라는 항간의 얘기도 있다.

　베트남전 발발 후 파병에 따른 산업화 근대화의 시작, 첫 고교 평준화세대, 유신의 종말, 6. 10 항쟁의 결과로 직접 민주주의의 탈환, 외환위기에 이은 IMF 사태 등 그들의 인생 자체가 주기적인 파노라마를 연출해왔기 때문이다.

　58년 개띠 세대는 흔히 국민교육헌장세대라고 불린다.

　초등학교(지금의 초등학교) 시절 당시 발표된 국민교육헌장을 못 외우면 담임선생님께 큰 꾸중을 들었고 새마을 운동 노래인 '새벽종이 울렸네'를 귀가 따갑도록 들었다.

　구호에 따라 사는 일상 속에서 반공 방첩 포스터와 글짓기가 학교점수를 좌우했다.

조국근대화' 라는 슬로건아래 도시화가 급격히 진행됨에 따라 도시근대화가 급격히 진행됨에 따라 너도나도 도시로 몰려들었고 도시 외곽지역을 뜻하는 '변두리' 라는 말도 이때 생겨났다.

한 학교 학급수는 대부분 10개 반 이상이었고 한반은 보통 70명~80명 선이었다.

지금으로선 상상도 할 수없는 그런 시절을 청소년기에 경험한 것이다.

산업화의 산물인 노동자층이 점차 사회의 소외세력으로 자리 잡기 시작한 것도 이때부터 이다.

국민학교 3학년 시절 전태일의 분신으로 표면화 된 산업화의 그늘은 청소년기 청년기 내내 이들의 떨쳐 낼 수없는 사회 구조적인 모순으로 자리 잡았다.

58년 개띠들의 사회의식을 간단히 표현하면 평등의식이 유난히 강하다는 것이다.

고교 평준화의 산물로 학연에 크게 연연해하지 않는다는 점과 엘리트의식, 권위의식이 약하고 더 나아가 인정하려고도 하지 않는다.

그러나 경쟁사회의 첨병 역할을 해온 만큼 스스로에 대한 자신감과 자부심만은 아주 대단해 여타 세대와의 차별성이 뚜렷이 나타나고 있다.

"둘만 낳아 잘 기르자" 라는 산아제한의 캠페인 속에서 성장해온 만큼 결혼 후 이들은 자녀는 거의 둘 이상이 없고 어찌 보면 현재의 인구고령화 시대를 만들어 낸 장본인인 셈이다.

가족 내에서도 이들의 사고는 부모를 모시고 사는 마지막 세대, 자식과 떨어져 사는 첫 세대가 될 것이라는 것을 부인하지 않는다.

앞으로 58년 개띠들의 사회적인성향 상 우리사회의 시니어 문화에도 큰 변화가 도래 할 것으로 예측된다.

그것인 무엇이든 우리사회에 합리적인 영향을 줄 것은 분명하다.

아날로그와 디지털세대 잇는 역할 부각

58년 개띠의 삶 [문화적환경] 김진재 (58년생. 사업)

문화적인 측면에서 보면 58년 개띠의 역할은 그 이전 세대 문화와 이후 세대 문화가 확연하게 바뀌는 분수령이라고 말 할 수 있다.

이들은 윗세대의 권위주의 적인 문화를 거부하고 아랫세대인 이른바 '386' 과 자식뻘인 'Y세대(베이비붐 세대가 낳은 2세를 일컫는 말로, 1979~94년에 태어난 세대)' 를 탄생시킨 장본인 이기도 하다.

58년생 자신은 권위주의 문화가 지배하던 시기에 감수성이 강한 사춘기를 보냈다.

그러나 이 시기에 탄생한 첫 평등 세대인 만큼 58년 개띠는 보수와 진보가 혼재된 이중적인 특성을 태생적으로 지닌 세대이다.

그들은 서구문화를 쉽게 받아 들이는 동시에 민족, 민속 문화에 대한 재발견과 함께 전승 발전에 대한 책임감을 느끼고 몸소 실천했다.

히피문화의 영향을 받았다는 장발족이 되기를 주저하지 않았고 통기타와 그룹 아바의 음악에 심취했다.

동시에 탈춤에 열광했고 민속의 뿌리를 찾아 전국을 헤메기도 했다.

결과적으로 '가장 대중적인 문화는 민속이다' 라는 명제를 완성하고 전통과 현대의 문화예술을 접합시키는 노력도 시작됐다.

그들은 반독재 저항의 산물인 민중문화예술을 대중에게 전파하기에 적극적으로 나섰고 관제문화정책인 대학가요제에 열광하기도 했다.

58년 개띠들은 우리 사회에 다중 문화채널의 싹을 틔운 역할을 했다.

이들이 문화에서 문화의 주축 세력에서 소외되기 시작한 것은 아이러니하게도 이들이 탄생시킨 386세대와 Y세대의 등장 때문이다.

한국 벤처 붐이 일어난 것은 1990년대 후반이다.

58년 개띠가 산업화 시대의 마지막 주자지만 다가온 디지털 시대의 첫차를 타는 데는 늦었다.

IT 세례를 받은 10, 20대와 지금의 50대는 DNA부터 다르며 아날로그의 마지막 문을 닫았지만 디지털 시대의 어설픈 진입자에 그쳤다는 것이다.

후세대들에게 아이폰 사용법과 트위터를 배우는 현실 속에서 문화 리더로서의 설 땅이 없다는 것이다.

하지만 그렇기 때문에 산업화 세대와 디지털 세대를 이어줄 중개자로서 58년 개띠 기업리더의 역할이 중요하다는 논리 또한 제기된다.

58년 개띠는 아날로그와 디지털 측면을 함께 가지고 있기 때문이다.

디지털 세대가 나아갈 수 있도록 길을 닦아주는 것이 58년 개띠들의 마지막 역할이라는 것이다.

싫든 좋든 더욱 적극적으로 젊은 세대가 꿈을 펼치게 해줘야 나라의 발전과 새로운 긍정적인 문화 창조가 가능하다는 것이다.

58년 개띠들은 달라진 시대에 좌절하기보다는 지금껏 그래왔던 것처럼 변화에 적극적으로 대응해나가야 한다는 것이다.

노년기 복지실현의 정책 지향 점

향후 고령화가 더욱 진전하게 되면 다음의 상황을 유의해야한다.

특히 60세 이상 어르신의 소득은 자녀의 지원에 50% 이상 의존하고 있는 것으로 알려지고 있다.

이 같은 불편한 사실이 고령자에 대한 공적 지원과 취업기회 확대가 왜 필요한지 그 이유를 설명하고 있다.

고령화 진전에 따른 개인의 노후 소득보장 욕구를 충족시키기 위해서는 노동시장 구조개선 및 고용촉진 정책이 필요하다.

선진국들은 이미 노년층의 높은 복지의존도로 인한 사회적 부담을 줄이기 위해 고령자 취업장려를 통한 노년기 복지실현의 정책 지향 점을 갖추고 있다.

우리나라의 노년기 복지실현의 정책을 수립하기 위해서는 다음의 환경 조성이 필요하다. 먼저 고령자들의 경제활동 참가를 부추기기 위해서 동기 부여와 기업의 인센티브 제공이 필요하다.

단기적으로 기업의 보조금, 세제지원 등 보상 체계의 개선을 통해 기업의 고령근로자 수요를 촉진시키고 장기적으로는 시장원리에 따르도록 하는 것이 중요하다.

또한 정년 연장에 대한 민간과 정부의 공감대 형성을 위한 사회적 합의를 조성해야 한다.

정년 또는 일정연령 이후 직무 가치의 변화에 따라 임금을 조정하고 장기적으로는 정년제도 자체를 폐지하는 것이 바람직하다.

미국에서는 연령차별금지법 등을 통해 정년제를 원칙적으로 금지하고 있음을 참고하자.

고령자가 일 할 수 있는 능력을 키우고 공공 부문 취업과 노인벤처도 육성해야 한다.

고령자에 적합한 직무개발, 직무 능력 배양, 직무 전환을 위한 단기교육을 실시하는 한편 자립 가능한 고령자를 위해 어르신 창업을 지원하고 어르신 벤처 창업 프로그램 등을 육성하여 취업의 기회를 창출해야 한다.

그러면 좀더 구체적으로 고령화 시대 대응방안을 살펴보자

고령화 시대 대응 방안

고령화가 진전됨에 따라 노후 삶의 질 유지를 위한 소득보장 체계의 개선과 새롭고 다양한 어르신의 욕구 충족이 사회 전체의 문제로 부상하고 있다.

정책주간지 공감이 실린 '인구지진 막을 마지막 골든타임 인구대책 패러다임의 전환' 제하의 기사를 보면 다음과 같다.

인구구조의 급격한 변화는 우리나라에서 '오래된 미래' 다.

세계에서 가장 낮은 출생률에다 가장 빠른 속도의 고령화를 예고하는 지표들이 쏟아지기 시작한 것은 20여 년 전부터다.

이제는 '인구절벽' 을 넘어 '인구지진' 을 우려하는 목소리까지 나오고 있다.

제4차 저출산고령사회 기본계획 5대 핵심과제
④ 다자녀 가구에게 양질의 주거와 교육 지원

"아이가 2명 이상이면 보다 넓은 집에서 교육비 부담 없이 키울 수 있도록!

2자녀 이상 가구 한 단계 넓은 중형주택에 살 수 있도록
대출 한도 인상과 자녀 수에 따라 우대 금리를 받도록
다자녀 국가 장학금 받고, 셋째부터는 등록금 전액 지원 받게

 인구지진이란 영국의 작가이자 인구학자인 폴 윌리스가 같은 이름의 저서에서 인구 감소와 고령사회의 충격을 지진에 빗대 표현한 용어다.

 폴 윌리스는 인구지진의 파괴력을 자연현상의 지진에 비유하면 그 강도가 리히터 규모 9.0에 달하는 것과 같다고 했다.

 특히 그는 2020년대 중반부터는 세계 주요국에서 경제활동인구 대비 고령인구의 비중이 과도하게 커져 세계경제가 마치 지진처럼 흔들리는 엄청난 격변을 겪을 것이라고 예측했으며 우리나라 역시 그런 국가 중의 하나로 보았다.

 이에 정부는 2019년부터 범부처 차원의 인구정책 태스크포스를 꾸려

해마다 새로운 정책과제를 수립해 추진하고 있다.

2022년 2월에는 4기 인구정책 TF를 구성해 장단기 과제 해결에 나서고 있다. 인구정책 TF는 출범 첫해부터 저출생,고령화 문제에 대해 이전 정부와 다른 획기적 정책을 내놓았다.

이른바 '대응과 적응'을 병행하는 인구대책의 패러다임(체계) 전환이다. 단순한 출산 장려를 지양하고 부모와 아이, 나아가 우리 사회 전반에 걸친 삶의 질 개선에 초점을 맞췄다.

이런 패러다임 전환은 2022년부터 본격 시행하는 '저출산 극복 5대 패키지'에서 잘 나타난다.

갈수록 심화하는 지방의 인구 감소 문제도 중앙정부와 지방정부가 당장 적극적으로 나서야 할 사안이다. [35]

지방 '소멸 위기' 더욱 확산

전체 인구가 지속적으로 줄어드는 가운데 수도권으로 인구집중까지 심화하면서 지방의 '소멸 위기'는 더욱 확산되고 있기 때문이다.

이에 정부는 중앙 주도의 하향식 지원 대신 지방자치단체가 스스로 대응 전략 등을 수립해 추진하도록 했다.

대신 정부는 지방소멸 대응 기금 등을 통해 지자체가 수립한 전략이 실행으로 옮겨질 수 있도록 재원을 지원한다.

인구구조의 변화는 사회,경제,문화적 환경 변화의 결과이면서 중장기적

---

35 2022.03.28. 정책주간지 공감. '인구지진 막을 마지막 골든타임 인구대책 패러다임의 전환'

으로 사회,경제 구조는 물론 광범위한 영역에 미치는 파급 영향이 크다.

인구정책은 단기간에 효과를 내기도 어렵다.

인구구조의 변화를 앞서 경험한 선진국 사례들을 보면 정책 효과는 한 세대(30년)를 넘겨서야 제대로 된 효과를 보는 특징이 있다.

따라서 대책의 방향과 과제를 신속히 수립하는 것보다 지속성을 가지고 추진하는 게 더 중요하다.

인구구조 변화에 대한 국가 차원의 총력 대응은 선택이 아니라 생존을 위한 필수 과제가 됐다.

인구지진의 강도는 시간이 흐를수록 더 세질 수밖에 없다. 인구 격변의 위기를 슬기롭게 극복할 수 있는 마지막 골든타임도 얼마 남지 않았다라고 정책주간지 공감은 기술하고 있다.

4기 인구정책 TF 주요 내용

그러면 관계부처 합동으로 구성한 4기 인구정책 TF 주요 내용에서 극복 방안을 살펴보자.

우리나라는 이미 인구지진의 초기 국면에 들어선 모습이다.

통계청이 발표한 '2021년 출생,사망 통계'를 보면 2021년에 국내 인구 수는 5만 7300명 줄었다.

사망자 수(31만 7800명)가 출생아 수(26만 500명)를 초과하는 현상인 '인구데드크로스'가 발생한 탓이다.

국내 인구는 2020년에 사상 첫 자연 감소를 기록한 뒤 2년째 감소세를 이어가고 있다.

더구나 2020년 3만 2611명 감소한 것과 비교해 인구 감소 폭이 두 배 가까이 증가했다.

여성 1명이 평생 동안 낳을 것으로 예상되는 아기수를 의미하는 합계출산율은 0.81명이다.

인구 1000명당 출생아 수를 나타내는 조출생률은 5.1명으로 합계출산율과 조출생률 모두 1970년 통계 작성 이후 사상 최저다.

합계출산율은 2018년 1명 선 아래로 떨어져 계속 추락하고 있다.

유엔인구기금이 발간한 '2020년 세계 인구 현황 보고서'를 보면 통계를 낸 198개국 중 우리나라의 합계출산율이 가장 낮았다.

지금까지 추세와 혼인, 출산 통계 등을 토대로 좀 더 먼 미래를 내다보면 상황은 더욱 엄중하다.

통계청의 '장래인구추계(2020~2070년)'에 따르면 2020년 5184만 명이던 총인구 수는 50년 동안 1481만 명이 감소해 2070년에는 3766만 명이 될 전망이다.

이는 1979년의 인구 수준이다. 특히 15~64세 생산연령인구는 2020년 3738만 명에서 2070년 1737만 명으로 50년 만에 절반 이하로 줄어들 것으로 추계된다.

2021년에서 2025년까지 5년 동안의 생산연령인구 감소 폭만 177만 명에 이른다.

반면에 기대수명은 계속 길어지고 2020년부터 약 710만 명에 이르는 베이비붐세대(1955~1963년 출생자)가 본격적으로 고령층에 진입하면서 인구 고령화는 더욱 가속화할 것으로 예상된다.

우리나라는 2000년 고령화 사회(전체 인구에서 65세 이상 인구 7% 이상)에 진입한 뒤 2017년 고령사회(65세 이상 인구 14% 이상)에 들어섰다.

2025년에는 초 고령 사회(65세 이상 인구 20% 이상)에 진입할 것으로 통계청은 내다봤다.

고령화 사회에서 25년 만에 초 고령 사회로 진입하는 셈인데 이는 전 세계적으로 유례를 찾기 어려운 추세다.

가장 극심하고 빠른 고령화 문제를 겪은 일본보다 11년이나 빠른 속도다.

생산연령인구 감소와 고령화는 노동 공급과 소비 수요를 줄여 성장잠재력을 약화시킬 뿐 아니라 지역 불균형을 심화시켜 세계 10위권으로 올라선 경제 규모의 축소까지 초래하게 된다.

미국 워싱턴대 보건연구소는 우리나라의 총인구가 2100년에는 지금의 절반 수준인 2678만 명으로 줄어 국내총생산(GDP) 기준 국가 순위에서 20위권으로 밀려날 것으로 전망한 바 있다. [36]

'저출산 극복 5대 패키지' 본격 시행

출생률 저하와 고령화 가속은 다양한 인구구조 변화 요인이 쌓여 나타나는 현상이다.

특정 부처의 특정 정책으로는 해결할 수 없고 단기간에 추세를 반전시키

---

36 2022.03.28. 정책주간지 공감. '인구지진 막을 마지막 골든타임 인구대책 패러다임의 전환'제하 기사 중 '4기 인구정책 TF 주요 내용' 박순빈 기자

Ⅲ. 저 출산 인구 절벽 벗어나기

기도 어렵다.

　이에 따라 정부는 2019년부터 범부처 차원의 인구정책 태스크포스TF를 출범해 해마다 새로운 전략과 정책과제를 수립해 추진하고 있다.

　2022년 2월에는 4기 인구정책 TF를 구성해 ▶생산연령인구 확충 ▶축소사회 적응력 강화 ▶고령사회 대비 ▶초저출산 대응 등 4대 분야에 대한 장단기 과제를 보완, 수정, 발굴, 기획 작업을 맡고 있다.

　여기에는 인구정책과 관련된 18개 정부부처와 국책연구기관 중심의 인구정책연구단 그리고 다양한 전문가 그룹이 참여한다.

　4기 인구정책 TF는 인구구조 변화 충격의 현실화 가능 시점에 따른 시급성을 고려해 4대 분야별 대응 시기를 단기(5년 내 대응 시급), 중기(10년 내 성과 필요), 장기(10년 후 충격 가시화) 등 3단계로 구분해 전략을 짤 계획이다.

　인구정책 TF는 출범 첫해부터 저 출생,고령화 문제에 대해 이전과 다르게 접근했다.

　이른바 '대응과 적응'을 병행하는 인구대책 패러다임의 전환이다.

　당장 발생한 충격과 부작용을 최소화하는 대응과 함께 진행되는 추세에 맞춰 적응하는 방안을 마련하겠다는 것이다.

　또 단순한 출산 장려보다 아이와 부모의 삶의 질 개선에 초점을 맞추는 것도 새로운 정책 기조다.

 이런 패러다임의 전환은 2022년부터 본격 시행하는 '저출산 극복 5대 패키지'에서 잘 나타난다. 모두 4조 1000억 원의 예산이 투입되는 '저출산 극복 5대 패키지'는 육아휴직 급여 인상 등 육아휴직 활성화, 월 30만 원의 영아수당 신설, 출생아에게 200만 원 상당의 이용권을 주는
 '첫만남 꾸러미 도입, 2025년까지 공보육 이용률 50% 달성, 다자녀 가구에 대한 대학등록금과 주거비 지원 확대 등으로 구성된다.

지역 주도형 혁신으로 지역소멸 위기 대응

 갈수록 심화하는 지방의 인구 감소 문제도 지역의 적응력 강화와 지역 주도형 혁신을 통해 돌파하는 것으로 가닥을 잡았다.

지방의 인구 감소 문제는 중앙과 지방 정부가 당장 적극적으로 나서야 할 사안이다.

2020년 기준으로 수도권 인구가 총인구에서 차지하는 비중이 50%를 돌파하며 수도권 인구는 비수도권 인구를 추월했다.

국가의 총인구가 감소하는 가운데 이처럼 수도권 인구집중까지 심화하면서 지방의 '소멸 위기'는 더욱 확산되고 있다.

행정안전부는 전국 기초자치단체(시,군,구) 228곳 가운데 소멸 위험 지역은 2017년 85곳에서 2021년에는 108곳으로 증가한 것으로 파악하고 있다. 전체 기초단체의 47.4%에 해당하는 지역이 소멸 위기에 놓였다.

특히 소멸 고 위험 지역으로 분류되는 지방자치단체는 2017년 7곳에서 2019년 16곳, 2021년에는 39곳으로 급증 추세다.

특정 지역의 만 20~39세 여성인구를 만 65세 이상 인구로 나눈 값이 0.2 미만이면 소멸 고위험 지역, 0.2에서 0.5 미만이면 소멸 위험 지역으로 분류된다.

지역소멸은 일자리와 교육여건의 불균형이 맞물려 있다.

지역소멸 가능성은 지역 경제를 침체시켜 일자리와 소비 여력을 줄이고 이는 다시 지방의 청년인구 유출로 이어진다.

일자리위원회가 발표한 '지역 일자리 양극화의 원인과 대응 방안' 보고서를 보면 20~30대 청년층의 수도권 순유입은 2016년 4만 2000명에서 2021년에 9만 3000명으로 4년 만에 두 배 넘게 증가했다.

수도권과 지방간의 불균형 심화는 수도권 과밀화로 결혼,출산 기피를 유발해 국가 전체의 출생률 저하 요인이 되기도 한다.

특히 최근에는 지방의 일자리와 교육 수요의 구심점 역할을 해온 거점도시마저 쇠퇴하며 지역소멸을 가속화할 우려까지 낳고 있다.

고등교육 혁신모델로 지역 인재 육성

이런 지역소멸 위기에 대응해 정부는 2022년부터 새로운 접근을 시도한다.

무엇보다 중앙정부 주도의 하향식 지원을 지양하고 지자체가 스스로 인구 감소 원인을 파악하고 특화 자원 등을 활용한 대응 전략 등을 수립해 추진하는 게 달라진 점이다.

정부는 이처럼 지역이 수립한 전략을 실행할 마중물을 대준다.

2022년 신설한 지자체 자율 재원인 '지방소멸대응기금'에 정부가 10년 동안 매년 1조 원씩 출연하는 방식으로 지원한다.

행정안전부는 각 지자체가 2022년 5월까지 기금 투자 계획을 제출하면 기금심의위원회가 타당성과 실현 가능성 등을 따져 차등 지급할 계획이다.

인구 감소 지역은 평균 80억 원을 주되 최대 160억 원까지, 관심 지역은 평균 20억 원을 주되 최대 40억 원까지 받을 수 있도록 설계했다.

교육부는 지역의 인재 양성에 적극 나선다. '고등교육 혁신 특화지역 사업'과 가칭 '고등직업 교육 거점지구 사업'을 통해서다.

먼저 고등교육 혁신 특화지역 사업은 유망 신산업 등 핵심 분야 인재 양성을 위한 지방대학의 혁신과 경쟁력 강화가 목적이다.

핵심은 지역별 맞춤형 규제완화 방식을 적용해 다양한 고등교육 혁신모델이 수립,추진되도록 지원하는 것이다.

2022년부터 시작할 고등직업 교육 거점지구 사업은 지역 전문대학에 특화된 사업으로 지자체와 전문대학 간 연계를 통해 지역에서 필요로 하는 맞춤형 기술인재를 양성하는 것이 목표다. 이 사업 역시 전문대학과 지자체가 연계해 특화 분야를 선정하고 지역 현지 수요에 기반 한 직업교육과 지역 잠재 구직자의 생애 주기에 맞는 교육을 활성화하는 게 관건이다.

홍남기 부총리 겸 기획재정부 장관은 "우리나라 총인구 감소 시점이 기존 2029년에서 2021년으로 8년 단축되는 등 인구구조 변화의 폭과 속도가 대폭 커지고 있다" 며 "4기 인구정책 TF의 활동을 통해 대응 방안을 집중 마련해나가겠다" 고 밝혔다.

인구절벽 탈출, 행복한 국가 되는 길

인구절벽이라는 사회문제를 정부 정책만으로 풀어나가는 것은 지난한 과제다.

특히 출산율 저하 고령화와 관련한 인구 문제는 더욱 그러하다.

우리나라의 인구 감소문제는 사회전반 모든 산업에 악영향을 줄 것은 자명하다.

이제 국민과 정부가 합심해서 이 문제를 풀어나가야 한다.

발 등의 불이다.

새 정부의 정책은 인구절벽을 막고 미래의 산업 인력을 확보하는 데 최우선순위를 두어야 한다.

먼저 결혼을 앞둔 젊은이에게 아이는 국가가 양육 한다는 확신을 주어야 한다.

프랑스는 경제적인 이유로 출산을 회피하지 않도록 일정 금액의 양육비를 국가가 직접 지원하고 있다.

또한 GDP의 4.7%인 약 150조원을 출산 장려를 위한 보조금으로 지불한다.

이러한 선별 복지를 통해 프랑스는 저 출산 극복에 성공했다.

동시에 자녀 출산을 어렵게 하는 가장 큰 이유는 '출산 및 양육비 부담'이다.

양육비 부담을 덜어줘야 한다.

다음으로 다문화 이주 및 교육정책을 펴나가야 한다.

해외에서 우수한 이민자를 매년 받아들여야한다.

미국은 현재 인구가 3억2000만 명이며 계속 증가하고 있다.

남미와 아시아 등에서 이민으로 계속 받아들인다.

농촌 초등학교 학생 약 30%는 이미 다문화가정 자녀다.

우리나라에서 태어난 다문화가정의 자녀를 우수한 인재로 키워야한다.

이뿐만 아니라 이민자를 받아들일 때 우수한 IT 인력과 SW 인재를 받아들이면, 한국이 세계 4차 산업혁명을 주도하는 데 도움이 될 것이다.

인구는 국력의 가장 대표적인 지표이다.

인구 감소를 막아야 한다.

필자가 이글을 쓰면서 놓치지 않은 화두는 '대한민국의 미래는 아이'라는 것이다.

결혼 → 출산 → 육아 → 행복한 삶이 끊임없이 선 순환되는 사회를 진심으로 꿈꾼다.

개인의 행복한 삶이 전 국민의 행복한 삶이다.

전 국민이 행복해지면 그야말로 행복한 국가가 되는 것이다.